弘一大师文集选要

中国佛学经典宝藏

126

弘一 著

星云大师总监修

人民东方出版传媒
东方出版社

图书在版编目（CIP）数据

弘一大师文集选要 / 弘一 著. —北京：东方出版社，2015.9
（中国佛学经典宝藏）
ISBN 978-7-5060-8482-6

Ⅰ.①弘…　Ⅱ.①弘…　Ⅲ.①李叔同（1880~1942）—文集　Ⅳ.①C52

中国版本图书馆 CIP 数据核字（2015）第 248369 号

弘一大师文集选要
（HONGYI DASHI WENJI XUANYAO）

作　　者：弘　一
责任编辑：夏旭东
出　　版：东方出版社
发　　行：人民东方出版传媒有限公司
地　　址：北京市东城区东四十条 113 号
邮政编码：100007
印　　刷：北京京都六环印刷厂
版　　次：2016 年 6 月第 1 版
印　　次：2016 年 6 月第 1 次印刷
开　　本：880 毫米×1230 毫米　1/32
印　　张：5.625
字　　数：70 千字
书　　号：ISBN 978-7-5060-8482-6
定　　价：26.00 元
发行电话：（010）85924663　　85924644　　85924641

总序

星云

　　自读首楞严，从此不尝人间糟糠味；

　　认识华严经，方知已是佛法富贵人。

　　诚然，佛教三藏十二部经有如暗夜之灯炬、苦海之
宝筏，为人生带来光明与幸福，古德这首诗偈叮说一语
道尽行者阅藏慕道、顶戴感恩的心情！可惜佛教经典因
为卷帙浩瀚、古文艰涩，常使忙碌的现代人有义理远隔、
望而生畏之憾，因此多少年来，我一直想编纂一套白话
佛典，以使法雨均沾，普利十方。

　　一九九一年，这个心愿总算有了眉目。是年，佛光
山在中国大陆广州市召开"白话佛经编纂会议"，将该套
丛书定名为《中国佛教经典宝藏》①。后来几经集思广

---

　　①　编者注：《中国佛教经典宝藏》丛书，大陆出版时改为《中国
佛学经典宝藏》丛书。

益，大家决定其所呈现的风格应该具备下列四项要点：

一、启发思想：全套《中国佛教经典宝藏》共计百余册，依大乘、小乘、禅、净、密等性质编号排序，所选经典均具三点特色：

1. 历史意义的深远性

2. 中国文化的影响性

3. 人间佛教的理念性

二、通顺易懂：每册书均设有原典、注释、译文等单元，其中文句铺排力求流畅通顺，遣词用字力求深入浅出，期使读者能一目了然，契入妙谛。

三、文简意赅：以专章解析每部经的全貌，并且搜罗重要的章句，介绍该经的精神所在，俾使读者对每部经义都能透彻了解，并且免于以偏概全之谬误。

四、雅俗共赏：《中国佛教经典宝藏》虽是白话佛典，但亦兼具通俗文艺与学术价值，以达到雅俗共赏、三根普被的效果，所以每册书均以题解、源流、解说等章节，阐述经文的时代背景、影响价值及在佛教历史和思想演变上的地位角色。

兹值佛光山开山三十周年，诸方贤圣齐来庆祝，历经五载、集二百余人心血结晶的百余册《中国佛教经典宝藏》也于此时隆重推出，可谓意义非凡，论其成就，则有四点可与大家共同分享：

一、**佛教史上的开创之举**：民国以来的白话佛经翻译虽然很多，但都是法师或居士个人的开示讲稿或零星的研究心得，由于缺乏整体性的计划，读者也不易窥探佛法之堂奥。有鉴于此，《中国佛教经典宝藏》丛书突破窠臼，将古来经律论中之重要著作，做有系统的整理，为佛典翻译史写下新页！

二、**杰出学者的集体创作**：《中国佛教经典宝藏》丛书结合中国大陆北京、南京各地名校的百位教授、学者通力撰稿，其中博士学位者占百分之八十，其他均拥有硕士学位，在当今出版界各种读物中难得一见。

三、**两岸佛学的交流互动**：《中国佛教经典宝藏》撰述大部分由大陆饱学能文之教授负责，并搜录台湾教界大德和居士们的论著，借此衔接两岸佛学，使有互动的因缘。编审部分则由台湾和大陆学有专精之学者从事，不仅对中国大陆研究佛学风气具有带动启发之作用，对于台海两岸佛学交流更是帮助良多。

四、**白话佛典的精华集萃**：《中国佛教经典宝藏》将佛典里具有思想性、启发性、教育性、人间性的章节做重点式的集萃整理，有别于坊间一般"照本翻译"的白话佛典，使读者能充分享受"深入经藏，智慧如海"的法喜。

今《中国佛教经典宝藏》付梓在即，吾欣然为之作序，并借此感谢慈惠、依空等人百忙之中，指导编修；吉广兴等人奔走两岸，穿针引线；以及王志远、赖永海等大陆教授的辛勤撰述；刘国香、陈慧剑等台湾学者的周详审核；满济、永应等"宝藏小组"人员的汇编印行。由于他们的同心协力，使得这项伟大的事业得以不负众望，功竟圆成！

《中国佛教经典宝藏》虽说是大家精心擘划、全力以赴的巨作，但经义深邃，实难尽备；法海浩瀚，亦恐有遗珠之憾；加以时代之动乱，文化之激荡，学者教授于契合佛心，或有差距之处。凡此失漏必然甚多，星云谨以愚诚，祈求诸方大德不吝指正，是所至祷。

一九九六年五月十六日于佛光山

原版序
敲门处处有人应

星云

　　《中国佛教经典宝藏》是佛光山继《佛光大藏经》之后，推展人间佛教的百册丛书，以将传统《大藏经》精华化、白话化、现代化为宗旨，力求佛经宝藏再现今世，以通俗亲切的面貌，温渥现代人的心灵。

　　佛光山开山三十年以来，家师星云上人致力推展人间佛教，不遗余力，各种文化、教育事业蓬勃创办，全世界弘法度化之道场应机兴建，蔚为中国现代佛教之新气象。这一套白话精华大藏经，亦是大师弘教传法的深心悲愿之一。从开始构想、擘划到广州会议落实，无不出自大师高瞻远瞩之眼光，从逐年组稿到编辑出版，幸赖大师无限关注支持，乃有这一套现代白话之大藏经问世。

　　这是一套多层次、多角度、全方位反映传统佛教文化的丛书，取其精华，舍其艰涩，希望既能将《大藏经》

深睿的奥义妙法再现今世，也能为现代人提供学佛求法的方便舟筏。我们祈望《中国佛教经典宝藏》具有四种功用：

一、是传统佛典的精华书

中国佛教典籍汗牛充栋，一套《大藏经》就有九千余卷，穷年皓首都研读不完，无从赈济现代人的枯槁心灵。《宝藏》希望是一滴浓缩的法水，既不失《大藏经》的法味，又能有稍浸即润的方便，所以选择了取精用弘的摘引方式，以舍弃庞杂的枝节。由于执笔学者各有不同的取舍角度，其间难免有所缺失，谨请十方仁者鉴谅。

二、是深入浅出的工具书

现代人离古愈远，愈缺乏解读古籍的能力，往往视《大藏经》为艰涩难懂之天书，明知其中有汪洋浩瀚之生命智慧，亦只能望洋兴叹，欲渡无舟。《宝藏》希望是一艘现代化的舟筏，以通俗浅显的白话文字，提供读者遨游佛法义海的工具。应邀执笔的学者虽然多具佛学素养，但大陆对白话写作之领会角度不同，表达方式与台湾有相当差距，造成编写过程中对深厚佛学素养与流畅白话语言不易兼顾的困扰，两全为难。

三、是学佛入门的指引书

佛教经典有八万四千法门，门门可以深入，门门是无限宽广的证悟途径，可惜缺乏大众化的入门导览，不易寻觅捷径。《宝藏》希望是一支指引方向的路标，协助十方大众深入经藏，从先贤的智慧中汲取养分，成就无上的人生福泽。

四、是解深入密的参考书

佛陀遗教不仅是亚洲人民的精神归依，也是世界众生的心灵宝藏。可惜经文古奥，缺乏现代化传播，一旦庞大经藏沦为学术研究之训诂工具，佛教如何能扎根于民间？如何普济僧俗两众？我们希望《宝藏》是百粒芥子，稍稍显现一些须弥山的法相，使读者由浅入深，略窥三昧法要。各书对经藏之解读诠释角度或有不足，我们开拓白话经藏的心意却是虔诚的，若能引领读者进一步深研三藏教理，则是我们的衷心微愿。

大陆版序一

[手写签名]

　　《中国佛教经典宝藏》是一套对主要佛教经典进行精选、注译、经义阐释、源流梳理、学术价值分析，并把它们翻译成现代白话文的大型佛学丛书，成书于二十世纪九十年代，由台湾佛光文化事业有限公司出版，星云大师担任总监修，由大陆的杜继文、方立天以及台湾的星云大师、圣严法师等两岸百余位知名学者、法师共同编撰完成。十几年来，这套丛书在两岸的学术界和佛教界产生了巨大的影响，对研究、弘扬作为中国传统文化重要组成部分的佛教文化，推动两岸的文化学术交流发挥了十分重要的作用。

　　《中国佛学经典宝藏》则是《中国佛教经典宝藏》的简体字修订版。之所以要出版这套丛书，主要基于以下的考虑：

　　首先，佛教有三藏十二部经、八万四千法门，典籍浩瀚，博大精深，即便是专业研究者，穷其一生之精力，恐也难阅尽所有经典，因此之故，有"精选"之举。

其次，佛教源于印度，汉传佛教的经论多译自梵语；加之，代有译人，版本众多，或随音，或意译，同一经文，往往表述各异。究竟哪一种版本更契合读者根机？哪一个注疏对读者理解经论大意更有助益？编撰者除了标明所依据版本外，对各部经论之版本和注疏源流也进行了系统的梳理。

再次，佛典名相繁复，义理艰深，即便识得其文其字，文字背后的义理，诚非一望便知。为此，注译者特地对诸多冷僻文字和艰涩名相，进行了力所能及的注解和阐析，并把所选经文全部翻译成现代汉语。希望这些注译，能成为修习者得月之手指、渡河之舟楫。

最后，研习经论，旨在借教悟宗、识义得意。为了将其思想义理和现当代价值揭示出来，编撰者对各部经论的篇章品目、思想脉络、义理蕴涵、学术价值等所做的发掘和剖析，真可谓殚精竭虑、苦心孤诣！当然，佛理幽深，欲入其堂奥、得其真义，诚非易事！我们不敢奢求对于各部经论的解读都能鞭辟入里，字字珠玑，但希望能对读者的理解经义有所启迪！

习近平主席最近指出："佛教产生于古代印度，但传入中国后，经过长期演化，佛教同中国儒家文化和道家文化融合发展，最终形成了具有中国特色的佛教文化，给中国人的宗教信仰、哲学观念、文学艺术、礼仪习俗等留下了深刻影响。"如何去研究、传承和弘扬优秀佛教文化，是摆在我们面前的一个重要课题，人民东方出版传媒有限公司拟对繁体字版的《中国佛教经典宝藏》进行修订，并出版简体字版的《中国佛学经典宝藏》，随喜赞叹，寥寄数语，以叙因缘，是为序。

二〇一六年春于南京大学

大陆版序二

依空

　　身材高大、肤色白皙、擅长军事的亚利安人，在公元前四千五百多年从中亚攻入西北印度，把当地土著征服之后，为了彻底统治这里的人民，建立了牢不可破的种姓制度，创造了无数的神祇，主要有创造神梵天、破坏神湿婆、保护神毗婆奴。人们的祸福由梵天决定，为了取悦梵天大神，需要透过婆罗门来沟通，因为他们是从梵天的口舌之中生出，懂得梵天的语言——繁复深奥的梵文，婆罗门阶级是宗教祭祀师，负责教育，更掌控了神与人之间往来的话语权。四种姓中最重要的是刹帝利，举凡国家的政治、经济、军事、文化等等都由他们实际操作，属贵族阶级，由梵天的胸部生出。吠舍则是士农工商的平民百姓，由梵天的膝盖以上生出。首陀罗则是被踩在梵天脚下的土著。前三者可以轮回，纵然几世轮转都无法脱离原来种姓，称为再生族；首陀罗则连轮回的因缘都没有，为不生族，生生世世为首陀罗，子孙也倒霉跟着宿命，无法改变身份。相对于此，贱民比首陀罗更为卑微、低贱，连四种姓都无法跻身其中，只能从事挑粪、焚化尸体等最卑贱、龌龊的工作。

出身于高贵种姓释迦族的悉达多太子，为了打破种姓制度的桎梏，舍弃既有的优越族姓，主张一切众生皆平等，成正等觉，创立了佛教僧团。为了贯彻佛教的平等思想，佛陀不仅先度首陀罗身份的优婆离出家，后度释迦族的七王子，先入山门为师兄，树立僧团伦理制度。佛陀更严禁弟子们用贵族的语言——梵文宣讲佛法，而以人民容易理解的地方口语来演说法义，这就是巴利文经典的滥觞。佛陀认为真理不应该是属于少数贵族、知识分子的专利或装饰，而应该更贴近普罗大众，属于平民百姓共有共知。原来佛陀早就在推动佛法的普遍化、大众化、白话化的伟大工作。

佛教从西汉哀帝末年传入中国，历经东汉、魏晋南北朝、隋唐的漫长艰巨的译经过程，加上历代各宗派祖师的著作，积累了庞博浩瀚的汉传佛教典籍。这些经论义理深奥隐晦，加以书写的语言文字为千年以前的古汉文，增加现代人阅读的困难，只能望着汗牛充栋的三藏十二部扼腕慨叹，裹足不前。

如何让大众轻松深入佛法大海，直探佛陀本怀？佛光山开山宗长星云大师乃发起编纂《中国佛教经典宝藏》。一九九一年，先在大陆广州召开"白话佛经编纂会议"，订定一百本的经论种类、编写体例、字数等事项，礼聘中国社科院的王志远教授、南京大学的赖永海教授分别为中国大陆北方与南方的总联络人，邀请大陆各大学的佛教学者撰文，后来增加台湾部分的三十二本，是为一百三十二册的《中国佛教经典宝藏精选白话版》，于一九九七年，作为佛光山开山三十周年的献礼，隆重出版。

六七年间我个人参与最初的筹划，多次奔波往来于大陆与台湾，小心谨慎带回作者原稿，印刷出版、营销推广。看到它成为佛教徒家中的传家宝藏，有心了解佛学的莘莘学子的入门指南书，为星云大帅监修此部宝藏的愿心深感赞叹，既上契佛陀"佛法不舍一众"的慈悲本怀，更下启人间佛教"普世益人"的平等精神。尤其可喜者，欣闻现大陆出版方东方出版社潘少平总裁、彭明哲副总编亲自担纲筹划，组织资深编辑精校精勘；更有旅美企业家鲁彼德先生事业有成之际，秉"十方来，十方去，共成十方事"之襟怀，促成简体字版《中国佛学经典宝藏》的刊行。今付梓在即，是为序，以表随喜祝贺之忱！

二〇一六年元月

目　录

人生之最后　001

改过实验谈　008

律学要略　013

青年佛徒应注意的四项　028

佛法十疑略释　036

佛教之简易修持法　044

普劝净宗道侣兼持诵地藏经　049

略述印光大师之盛德　053

敬三宝　057

改习惯　060

常随佛学　063

授三皈依大意　067

净宗问辨　071

药师法门修持课仪略录　077

佛法大意　082

净土法门大意　085

劝念佛菩萨求生西方　088

药师如来法门一斑　091

泉州开元慈儿院讲录　095

放生与杀生之果报　100

附录 105

弘一大师传略　107

弘一大师年谱　110

人生之最后

岁次壬申十二月，厦门妙释寺念佛会请余讲演，录写此稿。于时了识律师卧病不起，日夜愁苦，见此讲稿，悲欣交集，遂放下身心，屏弃医药，努力念佛。并扶病起，礼大悲忏，吭声唱诵，长跽经时，勇猛精进，超胜常人。见者闻者，靡不为之惊喜赞叹，谓感动之力有如是剧且大耶。余因念此稿虽仅数纸，而皆撮录古今嘉言及自所经验，乐简略者或有所取。乃为治定，付刊流布焉。弘一演音记。

一、绪言

古诗云："我见他人死，我心热如火，不是热他人，看看轮到我。"人生最后一段大事，岂可须臾忘耶！今为讲述，次分六章，如下所列。

二、病重时

当病重时，应将一切家事及自己身体悉皆放下，专意念佛，一心希冀往生西方。能如是者，如寿已尽，决定往生。如寿未尽，虽求往生而病反能速愈，因心至专诚，故能灭除宿世恶业也。倘不如是放下一切专意念佛者，如寿已尽，决定不能往生，因自己专求病愈不求往生，无由往生故。如寿未尽，因其一心希望病愈，妄生忧怖，不唯不能速愈，反更增加病苦耳。

病未重时，亦可服药，但仍须精进念佛，勿作服药愈病之想。病既重时，可以不服药也。余昔卧病石室，有劝延医服药者，说偈谢云："阿弥陀佛，无上医王，舍此不求，是谓痴狂。一句弥陀，阿伽陀药，舍此不服，是谓大错。"因平日既信净土法门，谆谆为人讲说，今自患病，何反舍此而求医药，可不谓为痴狂大错耶！

若病重时，痛苦甚剧者，切勿惊惶。因此病苦，乃宿世业障，或亦是转未来三途恶道之苦，于今生轻受，以速了偿也。

自己所有衣服诸物，宜于病重之时，即施他人。若依"地藏菩萨本愿经如来赞叹品"所言供养经像等，则弥善矣。

若病重时，神识犹清，应请善知识为之说法，尽力安慰。举病者今生所修善业，一一详言而赞叹之，令病者心生欢喜，无有疑虑。自知命终之后，承斯善业，决定生西。

三、临终时

临终之际，切勿询问遗嘱，亦勿闲谈杂话。恐彼牵动爱情，贪恋世间，有碍往生耳。若欲留遗嘱者，应于康健时书写，付人保藏。

倘自言欲沐浴更衣者，则可顺其所欲而试为之。若言不欲，或噤口不能言者，皆不须强为。因常人命终之前，身体不免痛苦。倘强为移动沐浴更衣，则痛苦将更加剧。世有发愿生西之人，临终为眷属等移动扰乱，破坏其正念，遂致不能往生者，甚多甚多。又有临终可生善道，乃为他人误触，遂起嗔心，而牵入恶道者，如经所载阿耆达王死堕蛇身，岂不可畏。

临终时，或坐或卧，皆随其意，未宜勉强。若自觉气力衰弱者，尽可卧床，勿求好看，勉力坐起。卧时，本应面西右胁侧卧。若因身体痛苦，改为仰卧，或面东左胁侧卧者，亦任其自然，不可强制。

大众助念佛时，应请阿弥陀佛接引像，供于病人卧室，令彼瞩视。

助念之人，多少不拘。人多者，宜轮班念，相续不断。或念六字，或念四字，或快或慢，皆须预问病人，随其平日习惯及好乐者念之，病人乃能相随默念。今见助念者皆随己意，不问病人，既已违其平日习惯及好乐，何能相随默念。余愿自今以后，凡任助念者，于此一事切宜留意。

又寻常助念者，皆用引磬小木鱼。以余经验言之，神经衰弱者，病时甚畏引磬及小木鱼声，因其声尖锐，刺激神经，反令心神不宁。若依余意，应免除引磬小木鱼，仅用音声助念，最为妥当。或改为大钟大磬大木鱼，其声宏壮，闻者能起肃敬之念，实胜于引磬小木鱼也。但人之所好，各有不同。此事必须预先向病人详细问明，随其所好而试行之。或有未宜，尽可随时改变，万勿固执。

四、命终后一日

既已命终，最切要者，不可急忙移动。虽身染便秽，亦勿即为洗涤。必须经过八小时后，乃能浴身更衣。常人皆不注意此事，而最要紧。唯望广劝同人，依此谨慎行之。

命终前后，家人万不可哭。哭有何益，能尽力帮助念佛，乃于亡者有实益耳。若必欲哭者，须俟命终八小时后。

顶门温暖之说，虽有所据，然亦不可固执。但能平日信愿真切，临终正念分明者，即可证其往生。

命终之后，念佛已毕，即锁房门。深防他人入内，误触亡者。必须经过八小时后，乃能浴身更衣。（前文已言，今再谆嘱，切记切记。）因八小时内若移动者，亡人虽不能言，亦觉痛苦。

八小时后着衣，若手足关节硬，不能转动者，应以热水淋洗。用布搅热水，围于臂肘膝弯。不久即可活动，有如生人。

殓衣宜用旧物，不用新者。其新衣应布施他人，能令亡者获福。

用好棺木，亦不宜做大坟。此等奢侈事，皆不利于亡人。

五、荐亡等事

七七日内，欲延僧众荐亡，以念佛为主。若诵经、拜忏、焰口、水陆等事，虽有不可思议功德，然现今僧众视为具文，敷衍了事，不能如法，罕有实益。《印光法师文钞》中屡斥诫之，谓其唯属场面，徒作虚套。若专念佛，则人人能念，最为切实，能获莫大之利矣。

如请僧众念佛时，家族亦应随念。但女众宜在自室或布帐之内，免生讥议。

凡念佛等一切功德，皆宜回向普及法界众生，则其功德乃能广大，而亡者所获利益亦更因之增长。

开吊时，宜用素斋，万勿用荤，致杀害生命，大不利于亡人。

出丧仪文，切勿铺张。毋图生者好看，应为亡者惜福也。

七七以后，亦应常行追荐以尽孝思。莲池大师谓年中常须追荐先亡。不得谓已得解脱，遂不举行耳。

六、劝请发起临终助念会

此事最为切要。应于城乡各地，多多设立。"饬终津梁"中有详细章程，宜检阅之。

七、结语

残年将尽，不久即是腊月三十日，为一年最后，若未将钱财预备稳妥，则债主纷来，如何抵挡。吾人临命

终时，乃是一生之腊月三十日，为人生最后。若未将往
生资粮预备稳妥，必致手忙脚乱呼爹叫娘，多生恶业一
齐现前，如何摆脱。临终虽恃他人助念，诸事如法，但
自己亦须平日修持，乃可临终自在。奉劝诸仁者，总要
及早预备才好。

改过实验谈

癸酉正月在厦门妙释寺讲

今值旧历新年，请观厦门全市之中，新气象充满，门户贴新春联，人多着新衣，口言恭贺新禧、新年大吉等。我等素信佛法之人，当此万象更新时，亦应一新乃可。我等所谓新者何，亦如常人贴新春联、着新衣等以为新乎？曰：不然。我等所谓新者，乃是改过自新也。但"改过自新"四字范围太广，若欲演讲，不知从何说起。今且就余五十年来修省改过所实验者，略举数端为诸君言之。

余于讲说之前，有须预陈者，即是以下所引诸书，虽多出于儒书，而实合于佛法。因谈玄说妙修证次第，自以佛书最为详尽。而我等初学之人，持躬敦品、处事接物等法，虽佛书中亦有说者，但儒书所说，尤为明白详尽适于初学。故今多引之，以为吾等学佛法者之一助焉。以下分为总论、别示二门。

总论者即是说明改过之次第：

一、学须先多读佛书儒书，详知善恶之区别及改过迁善之法。倘因佛儒诸书浩如烟海，无力遍读，而亦难于了解者，可以先读《格言联璧》一部。余自儿时，即读此书。归信佛法以后，亦常常翻阅，甚觉其亲切而有味也。此书有排印本甚精。

二、省既已学矣，即须常常自己省察，所有一言一动，为善欤？为恶欤？若为恶者，即当痛改。除时时注意改过之外，又于每日临睡时，再将一日所行之事，详细思之。能每日写录日记，尤善。

三、改省察以后，若知是过，即力改之。诸君应知改过之事，乃是十分光明磊落，足以表示伟大之人格。故子贡云："君子之过也，如日月之食焉；过也人皆见之，更也人皆仰之。"又古人云："过而能知，可以谓明。知而能改，可以即圣。"诸君可不勉乎！

别示者，即是分别说明余五十年来改过迁善之事。但其事甚多，不可胜举。今且举十条为常人所不甚注意者，先与诸君言之。《华严经》中皆用十之数目，乃是用十以表示无尽之意。今余说改过之事，仅举十条，亦尔；正以示余之过失甚多，实无尽也。此次讲说时间甚短，每条之中仅略明大意，未能详言，若欲知者，且俟他日面谈耳。

（一）虚心：常人不解善恶，不畏因果，决不承认自己有过，更何论改？但古圣贤则不然。今举数例。孔子曰："五十以学易，可以无大过矣。"又曰："闻义不能徙，不善不能改，是吾忧也。"蘧伯玉为当时之贤人，彼使人于孔子。孔子与之坐而问焉，曰："夫子何为？"对曰："夫子欲寡其过而未能也。"圣贤尚如此虚心，我等可以贡高自满乎！

（二）慎独：吾等凡有所作所为，起念动心，佛菩萨乃至诸鬼神等，无不尽知尽见。若时时作如是想，自不敢胡作非为。曾子曰："十目所视，十手所指，其严乎！"又引《诗》云："战战兢兢，如临深渊，如履薄冰。"此数语为余所常常忆念不忘者也。

（三）宽厚：造物所忌，曰刻曰巧。圣贤处事，唯宽唯厚。古训甚多，今不详录。

（四）吃亏：古人云："我不识何等为君子，但看每事肯吃亏的便是。我不识何等为小人，但看每事好便宜的便是。"古时有贤人某临终，子孙请遗训，贤人曰："无他言，尔等只要学吃亏。"

（五）寡言：此事最为紧要。孔子云："驷不及舌"，可畏哉！古训甚多，今不详录。

（六）不说人过：古人云："时时检点自己且不暇，

岂有功夫检点他人。"孔子亦云："躬自厚而薄责于人。"以上数语，余常不敢忘。

（七）不文己过：子夏曰："小人之过也必文。"我等须知文过乃是最可耻之事。

（八）不覆己过：我等倘有得罪他人之处，即须发大惭愧，生大恐惧。发露陈谢，忏悔前愆。万不可顾惜体面，隐忍不言，自诳自欺。

（九）闻谤不辩：古人云："何以息谤？曰：无辩。"又云："吃得小亏，则不至于吃大亏。"余三十年来屡次经验，深信此数语真实不虚。

（十）不嗔：嗔习最不易除。古贤云："二十年治一怒字，尚未消磨得尽。"但我等亦不可不尽力对治也。华严经云："一念嗔心，能开百万障门。"可不畏哉！

因限于时间，以上所言者殊略，但亦可知改过之大意。最后，余尚有数言，愿为诸君陈者：改过之事，言之似易，行之甚难。故有屡改而屡犯，自己未能强作主宰者，实由无始宿业所致也。务请诸君更须常常持诵阿弥陀佛名号，观世音、地藏诸大菩萨名号，至诚至敬，恳切忏悔无始宿业，冥冥中自有不可思议之感应。承佛菩萨慈力加被，业消智朗，则改过自新之事，庶几可以圆满成就，现生迈入圣贤之域，命终往生极乐之邦，此可为诸君预贺者也。

常人于新年时，彼此晤面，皆云恭喜，所以贺其将得名利。余此次于新年时，与诸君晤面，亦云恭喜，所以贺诸君将能真实改过不久将为贤为圣；不久决定往生极乐，速成佛道，分身十方，普能利益一切众生耳。

律学要略

乙亥十一月在泉州承天寺律仪法会讲万泉记录

　　我出家以来，在江浙一带并不敢随便讲经或讲律，更不敢赴什么传戒的道场，其缘故是因个人感觉着学力不足。三年来在闽南虽曾讲过些东西，自心总觉非常惭愧的。这次本寺诸位长者再三地唤我来参加戒期胜会，情不可却，故今天来与诸位谈谈，但因时间匆促，未能预备，参考书又缺少，兼以个人精神衰弱，拟在此共讲三天。今天先专为求授比丘戒者讲些律宗历史，他人旁听，虽不能解，亦是种植善根之事。为比丘者应先了知戒律传入此土之因缘，及此土古今律宗盛衰之大概。由东汉至曹魏之初，僧人无归戒之举，唯剃发而已。魏嘉平年中，天竺僧人法时到中土，乃立羯磨受法，是为戒律之始。可算是真实传授比丘戒的开始，渐渐达至繁盛时期。

大部之广律，最初传来的是《十诵律》，翻译斯部律者，系姚秦时的鸠摩罗什法师，庐山净宗初祖远公法师亦竭力劝请赞扬。六朝时此律最盛于南方。其次翻译的是《四分律》，时期和《十诵律》相去不远，但迟至隋朝乃有人弘扬提倡，至唐初乃大盛。第三部是《僧祇律》，东晋时翻译的，六朝时北方稍有弘扬者。刘宋时继《僧祇律》后，有《五分律》，翻译斯律之人，即是译六十卷《华严经》者，文精而简，道宣"律师"甚赞，可惜罕有人弘扬。至其后有《有部律》，乃唐武则天时义净法师所译，即是西藏一带最通行的律。当初义净法师在印度有二十余年的历史，博学强记，贯通律学精微，非至印度之其他僧人所能及，实空前绝后的中国大律师。义净回国，翻译终毕，他年亦老了，不久即圆寂，以后无有人弘扬，可惜！可惜！此外诸部律论甚多，不遑枚举。

关于《有部律》，我个人起初见之甚喜，研究多年；以后因朋友劝告即改研《南山律》，其原因是《南山律》依《四分律》而成，又稍有变化，能适合吾国僧众之根器故。现在我即专就"四分律"之历史大略说些。

唐代是"四分律"最盛时期，以前所弘扬的《十诵律》《四分律》少人弘扬；至唐初"四分律"学者乃盛，共有三大派：一、相部律，依法砺律师为主；二、南山律，以道宣律师为主；三、东塔律，依怀素律师为主。法砺律师在道宣之前，道宣曾就学于他。怀素律师在道宣之后，亦曾亲近法砺、道宣二律师。斯律虽有三大派之分，最盛行于世的可算《南山律》了。南山律师著作浩如烟海，其中《行事钞》最负盛名，是任何宗派之学者皆须研行事钞；自唐至宋，解者六十余家，唯灵芝元照律师最胜，元照律师尚有许多其他经律的注释。元照后，律学渐渐趋于消沉，罕有人发心弘扬。

南宋后禅宗益盛，律学更无人过问，所有唐宋诸家的律学撰述数千卷悉皆散失；迨至清初，唯存南山"随机羯磨"一卷，如是观之，大足令人兴叹不已！明末清初有藕益、见月诸大师等欲重兴律宗，但最可憾者，是唐宋古书不得见。当时藕益大师著述有《毗尼事义集要》，初讲时人数已不多，以后更少；结果成绩颓然。见月律师弘律颇有成绩，撰述甚多，有解"随机羯磨"者，毗尼作持，与南山颇有不同之处，因不得见南山著作故！此外尚有最负盛名的《传戒正范》一部，从明末至今，传戒之书独此一部，传戒尚存之一线曙光，唯赖此书；虽与南山之作未能尽合，然其功甚大，不可轻视；但近代受戒仪轨，又依此稍有增减，亦不是见月律师《传戒正范》之本来面目了。

南宋至清七百余年，关于唐宋诸家律学撰述，可谓无存；清光绪末年乃自日本请还唐宋诸家律书之一部分，近十余年间，在天津已刊者数百卷。此外《续藏经》中所收尚未另刊者犹有数百卷。

今后倘有人发心专力研习弘扬，可以恢复唐代之古风，凡藕益、见月等所欲求见者今悉俱在；我们生此时候，实比藕益、见月诸大师幸福多多。

但学律非是容易的事情，我虽然学律近二十年，仅可谓为学律之预备，窥见了少许之门径；再预备数年，乃可着手研究，以后至少须研究二十年，乃可稍有成绩。奈我现在老了，恐不能久住世间，很盼望你们有人能发心专学戒律，继我所未竟之志，则至善矣。

我们应知道：现在所流通之《传戒正范》，非是完美之书，何况更有随便增减，所以必须今后恢复古法乃可；此皆你们的责任，我甚希望大家共同勉励进行！

今天续讲三皈、五戒，乃至菩萨戒之要略。

三皈、五戒、八戒、沙弥沙弥尼戒、式叉摩那戒、比丘比丘尼戒、菩萨戒等，就普通说，菩萨戒为大乘，余皆小乘，但亦未必尽然，应依受者发心如何而定。我近来研究南山律，内中有云："无论受何戒法，皆要先发大乘心。"由此看来，那有一种戒法专名为小乘的呢？再就受戒方法论，如三皈、五戒、沙弥沙弥尼戒，皆用三皈依受；至于比丘比丘尼戒、菩萨戒，则须依羯磨文受；

又如式叉摩那则是作羯磨与学戒法，不是另外得戒，与上不同。再依在家出家分之：就普通说，在家如三皈、五戒、八戒等，出家如沙弥比丘等，实而言之，三皈、五戒、八戒，皆通在家出家。诸位听着这话，或当怀疑，今我以例证之，如：明·灵峰藕益大师，他初亦受比丘戒，后但退作三皈人，如是言之，只有三皈亦可算出家人。

又若单五戒亦可算出家人，因剃发以后必先受五戒，后再受沙弥戒，未受沙弥戒是五戒之出家人。故五戒通于在家出家，有在家优婆塞、出家优婆塞之别；例如：藕益大师之大弟子成时、性旦二师，皆自称为出家优婆塞。成时大师编辑《净土十要》及《灵峰宗论》，性旦大师纪录《弥陀要解》，皆是明末的高僧。

八戒何为亦通在家出家？《药师经》中说：比丘亦可受八戒，比丘再受八戒为欲增上功德故。这样看起来，八戒亦通于僧俗。

以上略判竟，以下一一分别说之。

三皈——不属于戒，仅名三皈。三皈者：皈依佛，皈依法，皈依僧。未受以前必须要了解三皈道理，并非糊里糊涂地盲从瞎说，如这样子皆不得三皈。

所谓三宝有四种之别，（一）理体三宝，（二）化相三宝，（三）住持三宝，（四）一体三宝。尽讲起来很深奥复杂，现在且专就住持三宝来说。三宝意义是什么？佛、法、僧。所谓佛即形像，如：释迦牟尼像、药师佛像、弥陀佛像等；法即佛所说之经，如：法华经、楞严经等，皆佛金口所流露出来之法；僧即出家剃发受戒有威仪之人。以上所说佛、法、僧道理，可谓最浅近，诸位谅皆能明了吧。

　　皈依即回转的意义，因前背舍三宝，而今转向三宝，故谓之皈依。但无论出家在家之人，若受三皈时，最重要点有二：第一要注意皈依三宝是何意义？第二当受三皈时，师父所说应当十分明白，或师父所讲的话，全是文言不能了解，如是决不能得三皈；或隔离太远，听不明白，亦不得三皈；或虽能听到大致了解，其中尚有一二怀疑处，亦不得三皈。又正授之时，即是"皈依佛""皈依法""皈依僧"三说，此最要紧，应十分注意；以后之"皈依佛竟""皈依法竟""皈依僧竟"，是名三结，无关紧要；所以诸位发心受戒，应先了知三皈意义，又当正授时，要在先"皈依佛"等三语注意，乃可得三皈。

　　以上三皈说已，下说五戒。

　　五戒——就五戒言，亦要请师先为说明。五戒者：杀、盗、淫、妄、酒。当师父说明五戒意义时，切要用白话，浅近明了，使人易懂。受戒者听毕，应先自思量如是诸戒能持否，若不能全持，或一，或二，或三，或四，皆可随意；宁可不受，万不可受而不持！且就杀生而论，未受戒者，犯之本应有罪；若已受不杀戒者犯之，则罪更加重一倍，可怕不可怕呢？你们试想一想，如果不能受持，勉强敷衍，实是自寻烦恼！据我思之：五戒中最容易持的，是不邪淫，不饮酒；诸位可先受这两条最为稳当；至于杀与妄语，有大小之分，大者虽不易犯，小者实为难持；又五戒中最为难持的莫如盗戒，非于盗戒戒相研究十分明了之后，万不可率尔而受。所以我盼望诸位对于盗戒一条缓缓再说，至要！至要！但以现在传戒情形看起来，在这许多人众集合场中，实际上是不能如上一一接受；我想现在受五戒时，不妨合众总受五戒，俟受戒后，再自己斟酌取舍，亦未为不可；于自己所不能奉持的数条，可以在引礼师前或俗人前舍去，这样办法，实在十分妥当，在授者减麻烦，诸位亦可免除烦恼。另外还有一句要紧的话，倘有人怀疑于此大众混杂扰乱之时，心中不能专一注想，或恐犹未得戒者，不妨请性愿老法师或其他善知识，再为重授一次，他们当即慈悲允许。诸位！你们万不可轻视三皈五戒！我有句老实话对诸位说：菩萨戒不是容易得的，沙弥戒及比丘戒是不能得的，无论出家或在家人所希望者，唯有三皈五戒，我们倘能得三皈五戒，那就是很好的了。因受持五戒，来生定可为人；既能持五戒；再说念阿弥陀佛名号，求生西方，临终时定能往生西方极乐世界，岂不甚好。就我自己而论，对于菩萨戒是有名无实，沙弥戒及比丘戒决定未得；即以五戒而言，亦不敢说完全，止可谓为出家多分优婆塞而已，这是实话。所以我盼望诸位要注意三皈五戒；当受五戒，应知于前说三皈正得戒体，最宜注意；后说五戒戒相为附属之文，不是在此时得戒。又须请师先为说明五戒之广狭；例如，饮酒一戒不唯不饮泉州酒店之酒，凡尽法界虚空界之戒缘境酒，皆不可饮。杀、盗、淫、妄，亦复如是。所以受戒功德普遍法界，实非人力所能思议。

宝华山见月律师所编《三皈五戒正范》，所有开示多用骈体文，闻者万不能了解，等于虚文而已；最好请师译成白话。此外我更附带言之：近有为人授五戒者于不饮酒后加不吸烟一句，但这不吸烟可不必加入；应另外劝告，不应加入五戒文中。以上说五戒毕，以下讲八戒。

八戒——具云八关斋戒。"关"者禁闭非逸，关闭所有一切非善事。"斋"是清的意思，绝诸一切杂想事。八关斋戒本有九条，因其中第七条包含两条，故合计为八条。前五与五戒同，后三条是另加的。后加三者，即：第六，华香、璎珞、香油涂身，这是印度美丽装饰之风俗，我国只有花香，并无璎珞等；但所谓香如吾国香粉、香水、香牙粉、香牙膏及香皂等，皆不可用。

第七，高胜床上坐，作倡伎乐故往观听。这就是两条合为一条的。现略为分析："高"是依佛制度，坐卧之床脚，最高不能超过一尺六寸；"胜"是指金银牙角等之装饰，此皆不可。但在他处不得已的时候，暂坐可开；佛制是专为自制的须结正罪，如别人已作成功的不是自制的，罪稍轻。作倡伎乐故往听，音乐影戏等皆属此条；所谓故往观听之"故"字要注意，于无意中偶然听到或看见的不犯。以上高胜床上坐，作倡伎乐故往观听，共合为一条。受八关斋戒的人，皆不可为。

第八，非时食。佛制受八关斋戒后，自黎明至正午可食，倘越时而食，即叫做非时食，即平常所说的"过午不食"。但正午后，不单是饭等不可食，如牛奶、水果等均不可用。如病重者，于不得已中，可在大家看不到地方开食粥等。

受八关斋戒，普通于六斋日；受六斋日者，即初八、十四、十五、廿三及月底最后二日；倘能发心日日受，那是最好不过了。受时要在每天晨起时，期限以一日一夜——天亮时至夜，夜至明早——受八关斋戒后，过午不食一条，应从今天正午后至明日黎明时皆不可食。又八戒与菩萨戒比较别的戒有区别：因为八戒与菩萨戒，是顿立之戒。(但上说的菩萨戒,是局就"梵网璎珞"等而说的;若依《瑜伽戒本》,则属于渐次之戒。)这是什么缘故呢?未受五戒、沙弥戒、比丘戒皆可即受菩萨戒或八戒,故曰顿立;若渐次之戒,必依次第,如先五戒,次沙弥戒,次比丘戒,层层上去的。以上所说八关斋戒,外江居士受的非常之多;我想闽南一带,将来亦应当提倡提倡!若嫌每月六日太多,可减至一日或两日亦无不可;因仅受一日,即有极大功德,何况六日全受呢!

沙弥戒——沙弥戒诸位已知道了吧?此乃正戒,共十条。其中九条同八戒,另加手不捉钱宝一条,合而为十。但手不捉钱宝一条,平常人不明白,听了皆怕;不知此不捉钱宝是易持之戒,律中有方便办法,叫做"说净",经过说净的仪式后,亦可照常自己捉持;最为繁难者,是正戒十条外于比丘戒亦应学习,犯者结罪。我初出家时不晓得,后来学律才知道。这样看起来,持沙弥戒亦是不容易的一回事。

沙弥尼戒——即女众,法戒与沙弥同。

式叉摩那戒——梵语式叉摩那,此云学法女;外江各丛林,皆谓在家贞女为式叉摩那,这是错误的。闽南这边,那年开元寺传戒时,对于贞女不称式叉摩那,只用贞女之名,这是很通;平常人多不解何者为式叉摩那,我现在略为解释一下:

那一种人可以受式叉摩那戒呢？要已受沙弥尼戒的人于十八岁时，受式叉摩那法，学习二年，然后再受比丘尼戒；因为佛制二十岁乃可受戒，于十八岁时，再学二年正当二十岁。于二年学习时，僧作羯磨，与学戒法；二年学毕乃可受比丘尼戒；但式叉摩那要学三法：一学根本法——即四重戒。二学六法——染心相触，盗减五钱，断畜命，小妄语，非时食，饮酒。三学行法——大尼诸戒及威仪。

此仅是受学戒法，非另外得戒，故与他戒不同。以下讲比丘戒。

比丘戒——因时间很短，现在不能详细说明，唯有几句要紧话先略说之：

我们生此末法时代，沙弥戒与比丘戒皆是不能得的，原因甚多甚多！今且举出一种来说，就是没有能授沙弥戒比丘戒的人；若受沙弥戒，须二比丘授，比丘戒至少要五比丘授；倘若找不到比丘的话，不单比丘戒受不成，沙弥戒亦受不成。我有一句很伤心的话要对诸位讲：从南宋迄今六七百年来，或可谓僧种断绝了！以平常人眼光看起来，以为中国僧众很多，大有达至几百万之概；据实而论，这几百万中，要找出一个真比丘，怕也是不容易的事！如此怎样能受沙弥比丘戒呢？既没有能授戒的人，如何会得戒呢？我想诸位听到这话，心中一定十分扫兴；或以为既不得戒，我们白吃辛苦，不如早些回去好，何必在此辛辛苦苦做这种极无意味的事情呢？但如此怀疑是大不对的。我劝诸位应好好地、镇静地在此受沙弥戒比丘戒才是！虽不得戒，亦能种植善根，兼学种种威仪，岂不是好；又若想将来学律，必先挂名受沙弥戒、比丘戒，否则以白衣学律，必受他人讥评；所以你们在这儿发心受沙弥比丘戒是很好的！

这次本寺诸位长老唤我来讲律学大意，我感着有种种困难之点；这是什么缘故？比方我在这儿，不依据佛所说的道理讲，一味地随顺他人顾惜情面敷衍了事，岂不是我害了你们吗！若依实在的话与你们讲，又恐怕因此引起你们的怀疑；所以我觉着十分困难。因此不得已，对于诸位分作两种说法：

一、老实不客气地，必须要说明受戒真相，恐怕诸位出戒堂后，妄自称为沙弥或比丘，致招重罪，那是不得了的事情！我有种比方，譬如：泉州这地方有司令官等，不识相的老百姓亦自称我是司令官，如司令官等听到，定遭不良结果，说不定有枪毙之危险！未得沙弥戒、比丘戒者，妄自称为沙弥或比丘，必定遭恶报，亦就是这个道理。我为着良心的驱使，所以要对诸位说老实话。二、以现在人情习惯看起来，我总劝诸位受戒，挂个虚名，受后俾可学律；不然，定招他人诽谤之虞；这样的说，诸位定必明了吧。

更进一层说，诸位中若有人真欲绍隆僧种，必须求得沙弥戒、比丘戒者，亦有一种特别的方法；即是如藕益大师礼"占察忏"仪，求得清净轮相，即可得沙弥戒、比丘戒；除此以外，无有办法。故藕益大师云："末世欲得净戒，舍此占察轮相之法，更无别途。"因为得清净轮相之后，即可自誓总受菩萨戒而沙弥戒、比丘戒皆包括在内，以后即可称为菩萨比丘。礼"占察忏"得清净轮相，虽是极不容易的事，倘诸位中有真发大心者，亦可奋力进行，这是我最希望你们的。以下说比丘尼戒。

比丘尼戒——现在不能详说。依据佛制，比丘尼戒要重复受两次；先依尼僧授本法，后请大僧正授，但正得戒时，是在大僧正授时；此法南宋以后已不能实行了。最后说菩萨戒。

菩萨戒——为着时间关系，亦不能详说。现在略举三事：

要有菩萨种性，又能发菩提心，然后可受菩萨戒。什么是种性呢？简单来说，就是多生以来所成就的资格。所以当受戒时，戒师问："汝是菩萨否？"应答曰："我是菩萨！"这就是菩萨种姓。戒师又问："既是菩萨，已发菩提心否？"应答曰："已发菩提心。"这就是发菩提心。如这样子才能受菩萨戒。

平常人受菩萨戒者皆是全受；但依《璎珞本业经》，可以随身分受，或一或多；与前所说的受五戒法相同。

犯相重轻，依《旧疏》《新疏》有种种差别，应随个人力量而行；现以例说，如妄语戒，旧疏说大妄语乃犯波罗夷罪，《新疏》说，小妄语即犯波罗夷罪。至于起杀盗淫妄之心，即犯波罗夷，乃是为地上菩萨所制。我等凡夫是做不到的。

所谓菩萨戒虽不易得，但如有真诚之心，亦非难事；且可自誓受，不比沙弥比丘戒必须要请他人授；因为菩萨戒、五戒、八戒皆可自誓受，所以我们颇有得菩萨戒之希望！

今天律学要略讲完，我想在其中有不妥当处或错误处，还请诸位原谅。最后我尚有几句话：诸位在此受戒很好。在近代说，如外江最有名望的地方，虽有传戒，实不及此地完备，这是这里办事很有热心，很有精神，很有秩序，诚使我佩服，使我赞美。就以讲律来说，此地戒期中讲《沙弥律》《比丘戒本》《梵网经》，他方是难有的。几年前泉州大开元寺于戒期中提倡讲律，大家皆说是破天荒的举动。本寺此次传戒之美备，实与数年前大开元寺相同；并有露天演讲，使外人亦有种植善根之机缘，诚办事周到之处。本年天灾频仍，泉州亦不在例外，在人心惨痛、境遇萧条的状况中，本寺居然以极大规模，很圆满地传戒，这无非是诸位长老及大护法的道德感化所及；我这次到此地，心实无限欢喜，此是实话，并非捧场；此次能碰着这大机缘与诸位相聚，甚慰衷怀，最后还要与诸位恭喜。

青年佛徒应注意的四项

丙子正月开学日在南普陀寺佛教养正院讲

养正院从开办到现在，已是一年多了。外面的名誉很好，这因为由瑞今法师主办，又得各位法师热心爱护，所以能有这样的成绩。

我这次到厦门，得来这里参观，心里非常欢喜。各方面的布置都很完美，就是地上也扫得干干净净的，这样，在别的地方，很不容易看到。

我在泉州草庵大病的时候，承诸位写一封信来，各人都签了名，慰问我的病状；并且又承诸位念佛七天，代我忏悔，还有像这样别的事，都使我感激万分！

再过几个月，我就要到鼓浪屿日光岩去方便闭关了。时期大约颇长久，怕不能时时会到，所以特地发心来和诸位叙谈叙谈。

今天所要和诸位谈的，共有四项：一是惜福，二是习劳，三是持戒，四是自尊，都是青年佛徒应该注意的。

一、惜福

"惜"是爱惜，"福"是福气。就是我们纵有福气，也要加以爱惜，切不可把它浪费。诸位要晓得：末法时代，人的福气是很微薄的；若不爱惜，将这很薄的福享尽了，就要受莫大的痛苦，古人所说"乐极生悲"，就是这意思啊！我记得从前小孩子的时候，我父亲请人写了一副大对联，是清朝刘文定公的句子，高高地挂在大厅的抱柱上，上联是"惜食，惜衣，非为惜财缘惜福。"我哥哥时常教我念这句子，我念熟了，以后凡是临到穿衣或是饮食的当儿，我都十分注意，就是一粒米饭，也不敢随意糟蹋；而且我母亲也常常教我，身上所穿的衣服，当时时小心，不可损坏或污染。这因为母亲和哥哥怕我不爱惜衣食，损失福报，以致短命而死，所以常常这样叮嘱着。

诸位可晓得，我五岁的时候，父亲就不在世了！七岁我练习写字，拿整张的纸瞎写；一点不知爱惜，我母亲看到，就正颜厉色地说：

"孩子！你要知道呀！你父亲在世时，莫说这样大的整张的纸不肯糟蹋，就连寸把长的纸条，也不肯随便丢掉哩！"母亲这话，也是惜福的意思啊！

我因为有这样的家庭教育，深深地印在脑里，后来年纪大了，也没有一时不爱惜衣食；就是出家以后，一直到现在，也还保守着这样的习惯。诸位请看我脚上穿的一双黄鞋子，还是民国九年在杭州时候，一位打七念佛的出家人送给我的。又诸位有空，可以到我房间里来看看，我的棉被面子，还是出家以前所用的；又有一把洋伞，也是民国初年买的。这些东西，即使有破烂的地方，请人用针线缝缝，仍旧同新的一样了。简直可尽我形寿受用着哩！不过，我所穿的小衫裤和罗汉草鞋一类的东西，却须五六年一换。除此以外，一切衣物，大都是在家时候或是初出家时候制的。

从前常有人送我好的衣服或别的珍贵之物，但我大半都转送别人。因为我知道我的福薄，好的东西是没有胆量受用的。又如吃东西，只生病时候吃一些好的，除此以外，从不敢随便乱买好的东西吃。

惜福并不是我一个人的主张，就是净土宗大德印光老法师也是这样，有人送他白木耳等补品，他自己总不愿意吃，转送到观宗寺去供养谛闲法师。别人问他：

"法师！你为甚么不吃好的补品？"

他说："我福气很薄，不堪消受。"

他老人家—印光法师，性情刚直，平常对人只问理之当不当，情面是不顾的。前几年有一位皈依弟子，是鼓浪屿有名的居士，去看望他，和他一道吃饭，这位居士先吃好，老法师见他碗里剩落了一两粒米饭；于是就很不客气地大声呵斥道：

"你有多大福气，可以这样随便糟蹋饭粒！你得把它吃光！"

诸位！以上所说的话，句句都要牢记！要晓得：我们即使有十分福气，也只好享受二三分，所余的可以留到以后去享受；诸位或者能发大心，愿以我的福气，布施一切众生，共同享受，那更好了。

二、习劳

"习"是练习，"劳"是劳动。现在讲讲习劳的事情：

诸位请看看自己的身体，上有两手，下有两脚，这原为劳动而生的。若不将他运用习劳，不但有负两手两脚，就是对于身体也一定有害无益的。换句话说：若常常劳动，身体必定康健。而且我们要晓得：劳动原是人类本分上的事，不唯我们寻常出家人要练习劳动，即使到了佛的地位，也要常常劳动才行，现在我且讲讲佛的劳动的故事！

所谓佛，就是释迦牟尼佛。在平常人想起来，佛在世时，总以为同现在的方丈和尚一样，有衣钵师、侍者师，常常侍候着，佛自己不必做甚么；但是不然，有一天，佛看到地下不很清洁，自己就拿起扫帚来扫地，许多大弟子见了，也过来帮忙扫，不一时，把地扫得十分清洁。佛看了欢喜，随即到讲堂里去说法，说道：

"若人扫地，能得五种功德……"

又有一个时候，佛和阿难出外游行，在路上碰到一个喝醉了酒的弟子，已醉得不省人事了；佛就命阿难抬脚，自己抬头，一直抬到井边，用桶汲水，叫阿难把他洗濯干净。

有一天，佛看到门前木头做的横楣坏了，自己动手去修补。

有一次，一个弟子生了病，没有人照应，佛就问他说："你生了病，为什么没人照应你？"

那弟子说："从前人家有病，我不曾发心去照应他；现在我有病，所以人家也不来照应我了。"

佛听了这话，就说："人家不来照应你，就由我来照应你吧！"

就将那病弟子大小便种种污秽，洗濯得干干净净；并且还将他的床铺，清理得清清楚楚，然后扶他上床。由此可见，佛是怎样的习劳了。佛绝不像现在的人，凡事都要人家服劳，自己坐着享福。这些事实，出于经律，并不是凭空说说的。

现在我再说两桩事情，给大家听听:《弥陀经》中载着的一位大弟子——阿冕楼陀，他双目失明，不能料理自己，佛就替他裁衣服，还叫别的弟子一道帮着做。

有一次，佛看到一位老年比丘眼睛花了，要穿针缝衣，无奈眼睛看不清楚，嘴里叫着:

"谁能替我穿针呀!"

佛听了立刻答应说:

"我来替你穿。"

以上所举的例，都足以证明佛是常常劳动的。我盼望诸位，也当以佛为模范，凡事自己动手去做，不可依赖别人。

三、持戒

"持戒"二字的意义，我想诸位总是明白的吧! 我们不说修到菩萨或佛的地位，就是想来生再做人，最低的限度，也要能持五戒。可惜现在受戒的人虽多，只是挂个名而已，切切实实能持戒的却很少。要知道:受戒之后，若不持戒，所犯的罪，比不受戒的人要加倍的大，所以我时常劝人不要随便受戒。至于现在一般传戒的情形，看了真痛心，我实在说也不忍说了! 我想最好还是随自己的力量去受戒，万不可敷衍门面，自寻苦恼。

戒中最重要的，不用说是杀、盗、淫、妄，此外还有饮酒、食肉，也易惹人讥嫌。至于吃烟，在律中虽无明文，但在我国习惯上，也很容易受人讥嫌的，总以不吃为是。

四、自尊

"尊"是尊重，"自尊"就是自己尊重自己，可是人都喜欢人家尊重我，而不知我自己尊重自己；不知道要想人家尊重自己，必须从我自己尊重自己做起。怎样尊重自己呢？就是自己时时想着：我当做一个伟大的人，做一个了不起的人。比如我们想做一位清净的高僧吧，就拿"高僧传"来读，看他们怎样行，我也怎样行，所谓："彼既丈夫我亦尔。"又比方我想将来做一位大菩萨，那么就当依经中所载的菩萨行，随力行去。这就是自尊。但自尊与贡高不同；贡高是妄自尊大，目空一切的胡乱行为；自尊是自己增进自己的德业，其中没有一丝一毫看不起人的意思的。

诸位万万不可以为自己是一个小孩子，是一个小和尚，一切不妨随便些；也不可说我是一个平常的出家人，那里敢希望做高僧、做大菩萨。凡事全在自己做去，能有高尚的志向，没有做不到的。

诸位如果作这样想：我是不敢希望做高僧、做大菩萨的，那做事就随随便便，甚至自暴自弃，走到堕落的路上去了，那不是很危险的么？诸位应当知道：年纪虽然小，志气却不可不高啊！

我还有一句话，要向大家说，我们现在依佛出家，所处的地位是非常尊贵的，就以剃发、披袈裟的形式而论，也是人天师表，国王和诸天人来礼拜，我们都可端坐而受。你们知道这道理么？自今以后，就当尊重自己，万万不可随便了。

以上四项，是出家人最当注意的，别的我也不多说了。我不久就要闭关，不能和诸位时常在一块儿谈话，这是很抱歉的。但我还想在关内讲讲律，每星期约讲三四次，诸位碰到例假，不妨来听听！

今天得和诸位见面，我非常高兴。我只希望诸位把我所讲的四项，牢记在心，作为永久的纪念！时间讲得很久了，费诸位的神，抱歉！抱歉！

佛法十疑略释

戊寅十月六日在安海金墩宗祠讲

欲挽救今日之世道人心，人皆知推崇佛法。但对于佛法而起之疑问，亦复不少。故学习佛法者，必先解释此种疑问，然后乃能着手学习。

以下所举十疑及解释，大半采取近人之说而叙述之，非是讲者之创论。所疑固不限此，今且举此十端耳。

一、佛法非迷信

近来知识分子，多批评佛法谓之迷信。

我辈详观各地寺庙，确有特别之习惯及通俗之仪式，又将神仙鬼怪等混入佛法之内，谓是佛法正宗。既有如此奇异之现相，也难怪他人谓佛法是迷信。

但佛法本来面目决不如此，绝无崇拜神仙鬼怪等事。其仪式庄严，规矩整齐，实超出他种宗教之上。又佛法能破除世间一切迷信而与以正信，岂有佛法即是迷信之理。

故知他人谓佛法为迷信者，实由误会。倘能详察，自不至有此批评。

二、佛法非宗教

或有人疑佛法为一种宗教。此说不然。

佛法与宗教不同，近人著作中常言之，兹不详述。应知佛法实不在宗教范围之内也。

三、佛法非哲学

或有人疑佛法为一种哲学。此说不然。

哲学之要求，在求真理，以其理智所推测而得之某种条件即谓为真理。其结果，有一元、二元、唯心、唯物种种之说。甲以为理在此，乙以为理在彼，纷纭扰攘，相诽相谤。但彼等无论如何尽力推测，总不出于错觉一途。譬如盲人摸象，其生平未曾见象之形状，因其所摸得象之一部分，即谓是为象之全体。故或摸其尾便谓象如绳，或摸其背便谓象如床，或摸其胸便谓象如地，虽因所摸处不同而感觉互异，总而言之，皆是迷惑颠倒之见而已。

若佛法则不然。譬如明眼人能亲见全象，十分清楚，与前所谓盲人摸象者迥然不同。因佛法须亲证"真如"，了无所疑，决不同哲学家之虚妄测度也。

何谓"真如"之意义？真真实实，平等一如，无妄情，无偏执，离于意想分别，即是哲学家所欲了知之宇宙万有之真相及本体也。夫哲学家欲发明宇宙万有之真象及本体，其志诚可嘉。因太无方法，致枉废心力而终不能达到耳。

以上所说之佛法非宗教及哲学，仅略举其大概。若欲详知者，有南京支那内学院出版之《佛法非宗教非哲学》一卷，可自详研，即能洞明其奥义也。

四、佛法非违背于科学

常人以为佛法重玄想，科学重实验，遂谓佛法违背于科学。此说不然。

近代科学家持实验主义者，有两种意义：

（一）是根据眼前之经验，彼如何即还彼如何，毫不加以玄想。

（二）是凡经验不足恃，即用人力改进，以补通常经验之不足。

佛家之态度亦尔，彼之"戒""定""慧"三无漏学，皆是改进通常之经验。但科学之改进经验重在客观之物件，佛法之改进经验重在主观之心识。如人患目病，不良于视，科学只知多方移置其物以求一辨，佛法则努力医治其眼以求复明。两者虽同为实验，但在治标治本上有不同耳。

关于佛法与科学之比较，若欲详知者，乞阅上海开明书店代售之《佛法与科学之比较研究》。著者王小徐，曾留学英国，在理工专科上迭有发见，为世界学者所推重。近以其研究理工之方法，创立新理论解释佛学，因著此书也。

五、佛法非厌世

常人见学佛法者，多居住山林之中，与世人罕有来往，遂疑佛法为消极的、厌世的。此说不然。

学佛法者，固不应迷恋尘世以贪求荣华富贵，但亦绝非是冷淡之厌世者。因学佛法之人皆须发"大菩提心"，以一般人之苦乐为苦乐，抱热心救世之宏愿。不唯非消极，乃是积极中之积极者。虽居住山林中，亦非贪享山林之清福，乃是勤修"戒""定""慧"三学以预备将来出山救世之资具耳。与世俗青年学子在学校读书为将来任事之准备者，甚相似。

由是可知谓佛法为消极厌世者，实属误会。

六、佛法非不宜于国家之兴盛

近来爱国之青年，信仰佛法者少。彼等谓佛法传自印度，而印度因此衰亡，遂疑佛法与爱国之行动相妨碍。此说不然。

佛法实能辅助国家，令其兴盛，未尝与爱国之行动相妨碍。印度古代有最信仰佛法之国王，如阿育王、戒日王等，以信佛故，而统一兴盛其国家。其后婆罗门等旧教复兴，佛法渐无势力，而印度国家乃随之衰亡，其明证也。

七、佛法非能灭种

常人见僧尼不婚不嫁，遂疑人人皆信佛法必致灭种。此说不然。

信佛法而出家者，乃为僧尼，此实极少之数。以外大多数之在家信佛法者，仍可婚嫁如常。佛法中之僧尼，与他教之牧师相似，非是信徒皆应为牧师也。

八、佛法非废弃慈善事业

常人见僧尼唯知弘扬佛法，而于建立大规模之学校、医院、善堂等利益社会之事未能努力，遂疑学佛法者废弃慈善事业。此说不然。

依佛经所载，布施有二种，一曰财施，二曰法施。出家之佛徒，以法施为主，故应多致力于弘扬佛法，而以余力提倡他种慈善事业。若在家之佛徒，则财施与法施并重，故在家居士多努力作种种慈善事业，近年以来各地所发起建立之佛教学校、慈儿院、医院、善堂、修桥、造凉亭乃至施米、施衣、施钱、施棺等事，皆时有所闻，但不如他教仗外国慈善家之财力所经营者规模阔大耳。

九、佛法非是分利

近今经济学者，谓人人能生利，则人类生活发达，乃可共享幸福。因专注重于生利。遂疑信仰佛法者，唯是分利而不生利，殊有害于人类，此说亦不免误会。

若在家人信仰佛法者，不碍于职业，士农工商皆可为之。此理易明，可毋庸议。若出家之僧尼，常人观之，似为极端分利而不生利之寄生虫。但僧尼亦何尝无事业，僧尼之事业即是弘法利生。倘能教化世人，增上道德，其间接直接有真实大利益于人群者正无量矣。

一〇、佛法非说空以灭人世

常人因佛经中说"五蕴皆空""无常苦空"等，因疑佛法只一味说空。若信佛法者多，将来人世必因之而消灭。此说不然。

大乘佛法，皆说空及不空两方面。虽有专说空时，其实亦含有不空之义。故须兼说空与不空两方面，其义乃为完足。

何谓空及不空。空者是无我，不空者是救世之事业。虽知无我，而能努力作救世之事业，故空而不空。虽努力作救世之事业，而决不执着有我，故不空而空。如是真实了解，乃能以无我之伟大精神，而作种种之事业无有障碍也。

又若能解此义，即知常人执着我相而作种种救世事业者，其能力薄、范围小、时间促、不彻底。若欲能力强、范围大、时间久、最彻底者，必须于佛法之空义十分了解，如是所作救世事业乃能圆满成就也。

故知所谓空者，即是于常人所执着之我见打破消灭，一扫而空。然后以无我之精神，努力切实作种种之事业。

亦犹世间行事，先将不良之习惯等一一推翻，然后良好之建设乃得实现。

信能如此，若云牺牲，必定真能牺牲；若云救世，必定真能救世。由是坚坚实实，勇猛精进而作去，乃可谓伟大，乃可谓彻底。

所以真正之佛法，先须向空上立脚，而再向不空上作去。岂是一味说空而消灭人世耶！

以上所说之十疑及释义，多是采取近人之说而叙述其大意。诸君闻此，应可免除种种之误会。

若佛法中之真义，至为繁广，今未能详说。唯冀诸君从此以后，发心研究佛法，请购佛书，随时阅览，久之自可洞明其义，是为余所厚望焉。

佛教之简易修持法

己卯四月十六日在永春桃源殿讲李芳远记

　　我到永春的因缘，最初发起，在三年之前。性愿老法师常常劝我到此地来，又常提起普济寺是如何如何的好。

　　两年以前的春天，我在南普陀讲律圆满以后，妙慧师便到厦门请我到此地来。那时因为学律的人要随行的太多，而普济寺中设备未广，不能够收容，不得已而中止。是为第一次欲来未果。

　　是年的冬天，有位善兴师，他持着永春诸善友一张请帖，到厦门万石岩去，要接我来永春。那时因为已先应了泉州草庵之请，故不能来永春。是为第二次欲来未果。

　　去年的冬天，妙慧师再到草庵来接。本想随请前来，不意过泉州时，又承诸善友挽留，不得已而延期至今春。

是为第三次欲来未果。

直至今年半个月以前，妙慧师又到泉州劝请，是为第四次。因大众既然有如此的盛意，故不得不来。其时在泉州各地讲经，很是忙碌，因此又延搁了半个多月。今得来到贵处，和诸位善友相见，我心中非常的欢喜。自三年前就想到此地来，屡次受了事情所阻，现在得来，满其多年的夙愿，更可说是十分的欢喜了。

今天承诸位善友请我演讲。我以为谈玄说妙，虽然极为高尚，但于现在行持终觉了不相涉。所以今天我所讲的，且就常人现在即能实行的，约略说之。

因为专尚谈玄说妙，譬如那饥饿的人，来研究食谱，虽山珍海味之名，纵横满纸，如何能够充饥。倒不如现在得到几种普通的食品，即可入口。得充一饱，才于实事有济。

以下所讲的，分为三段。

一、深信因果

因果之法，虽为佛法入门的初步，但是非常的重要，无论何人皆须深信。何谓因果？因者好比种子，下在田中，将来可以长成为果实。果者譬如果实，自种子发芽，渐渐地开花结果。

我们一生所作所为，有善有恶，将来报应不出下列：

桃李种：长成为桃李——作善报善。

荆棘种：长成为荆棘——作恶报恶。

所以我们要避凶得吉，消灾得福，必须要厚植善因，努力改过迁善，将来才能够获得吉祥福德之好果。如果常作恶因，而要想免除凶祸灾难，那里能够得到呢？

所以第一要劝大众深信因果，了知善恶报应，一丝一毫也不会差的。

二、发菩提心

"菩提"二字是印度的梵语，翻译为"觉"，也就是成佛的意思。发者，是发起，故发菩提心者，便是发起成佛的心。为什么要成佛呢？为利益一切众生。须如何修持乃能成佛呢？须广修一切善行。以上所说的，要广修一切善行，利益一切众生，但须如何才能够彻底呢？须不着我相。所以发菩提心的人，应发以下之三种心：

（一）大智心：不着我相。此心虽非凡夫所能发，亦应随分观察。

（二）大愿心：广修善行。

（三）大悲心：救众生苦。

又发菩提心者，须发以下所记之四弘誓愿：

（一）众生无边誓愿度：菩提心以大悲为体，所以先说度生。

（二）烦恼无尽誓愿断：愿一切众生，皆能断无尽之烦恼。

（三）法门无量誓愿学：愿一切众生，皆能学无量之法门。

（四）佛道无上誓愿成：愿一切众生，皆能成无上之佛道。

或疑烦恼以下之三愿，皆为我而发，如何说是愿一切众生？这里有两种解释：一就浅来说，我也就是众生中的一人，现在所说的众生，我也在其内。再进一步言，真发菩提心的，必须彻悟法性平等，绝不见我与众生有什么差别，如是才能够真实和菩提心相应。所以现在发愿，说愿一切众生，有何妨耶！

三、专修净土

既然已经发了菩提心，就应该努力地修持。但是佛所说的法门很多，深浅难易，种种不同。若修持的法门与根器不相契合的，用力多而收效少。倘与根器相契合的，用力少而收效多。在这末法之时，大多数众生的根器，和那一种法门最相契合呢？说起来只有净土宗。因为泛泛修其他法门的，在这五浊恶世，无佛应现之时，很是困难。若果专修净土法门，则依佛大慈大悲之力，往生极乐世界，见佛闻法，速证菩提，比较容易得多。所以龙树菩萨曾说，前为难行道，后为易行道，前如陆路步行，后如水道乘船。

关于净土法门的书籍，可以首先阅览者，《初机净业指南》《印光法师嘉言录》《印光法师文钞》等。依此就可略知净土法门的门径。

近几个月以来，我在泉州各地方讲经，身体和精神都非常的疲劳。这次到贵处来，匆促演讲，不及预备，所以本说的未能详尽，希望大众原谅。

普劝净宗道侣兼持诵地藏经

庚辰地藏诞日在永春讲王梦惺记

　　予来永春，迄今一年有半。在去夏时，王梦惺居士来信，为言拟偕林子坚居士等将来普济寺，请予讲经。斯时予曾复一函，俟秋凉后即入城讲《金刚经》大意三日。及秋七月，予以掩关习禅，乃不果往。日昨梦惺居士及诸仁者入山相访，因雨小住寺院，今日适逢地藏菩萨圣诞，故乘此胜缘，为讲净宗道侣兼持诵地藏经要旨，以资纪念。

　　净宗道侣修持之法，固以净土三经为主。三经之外，似宜兼诵《地藏经》以为助行。因地藏菩萨，与此土众生有大因缘。而《地藏本愿经》，尤与吾等常人之根器深相契合。故今普劝净宗道侣，应兼持诵《地藏菩萨本愿经》。谨述旨趣于下，以备净宗道侣采择焉。

　　一、净土之于地藏，自昔以来，因缘最深。而我八祖莲池大师，撰《地藏本愿经序》，劝赞流通。逮我九祖藕益大师，一生奉事地藏菩萨，赞叹弘扬益力。居九华山甚久，自称为"地藏之孤臣"。并尽形勤礼"地藏忏仪"，常持"地藏真言"，以忏除业障，求生极乐。又当代净土宗泰斗印光法师，于《地藏本愿经》尤尽力弘传流布，刊印数万册，令净业学者至心读诵，依教行持。今者窃遵净宗诸祖之成规，普劝同仁兼修并习。胜缘集合，盖非偶然。

二、地藏法门以三经为主。三经者，《地藏菩萨本愿经》《地藏菩萨十轮经》《地藏菩萨占察善恶业报经》。本愿经中虽未显说往生净土之义，然其他二经则皆有之。十轮经云："当生净佛国，导师之所居。"《占察经》云："若人欲生他方现在净国者，应当随彼世界佛之名字，专意诵念，一心不乱，如上观察者，决定得生彼佛净国。"所以我莲宗九祖藕益大师，礼地藏菩萨占察忏时，发愿文云："舍身他世，生在佛前，面奉弥陀，历事诸佛，亲蒙授记，回入尘劳，普会群迷，同归秘藏。"由是以观，地藏法门实与净宗关系甚深，岂唯殊途同归，抑亦发趣一致。

三、《观无量寿佛经》，以修三福为净业正因。三福之首，曰孝养父母。而《地藏本愿经》中，备陈地藏菩萨宿世孝母之因缘。故古德称《地藏经》为"佛门之孝经"，良有以也。凡我同仁，应常读诵地藏本愿经，以副观经孝养之旨。并依教力行，特崇孝道，以报亲恩，而修胜福。

四、当代印光法师教人持佛名号求生西方者，必先劝信因果报应，诸恶莫作，众善奉行。然后乃云："仗佛慈力，带业往生。"而《地藏本愿经》中，广明因果报应，至为详尽。凡我同仁，应常读诵地藏本愿经，依教奉行，以资净业。倘未能深信因果报应，不在伦常道德上切实注意，则岂仅生西未能，抑亦三涂有分。今者窃本斯意，普劝修净业者，必须深信因果，常检点平时所作所为之事。真诚忏悔，努力改过。复进而修持五戒十善等，以为念佛之助行，而作生西之资粮。

五、吾人修净业者，倘能于现在环境之苦乐顺逆一切放下，无所挂碍；依苦境而消除身见，以逆缘而坚固净愿，则诚甚善。但如是者，千万人中罕有一二。因吾人处于凡夫地位，虽知随分随力修习净业，而于身心世界犹未能彻底看破，衣食住等不能不有所需求，水火刀兵饥馑等天灾人祸亦不能不有所顾虑。倘生活困难，灾患频起；即于修行作大障碍也。今若能归信地藏菩萨者，则无此虑。依《地藏经》中所载，能令吾人衣食丰足，疾疫不临，家宅永安，所求遂意，寿命增加，虚耗辟除，出入神护，离诸灾难等。古德云，身安而后道隆，即是之谓。此为普劝修净业者，应归信地藏之要旨也。

以上略述持诵《地藏经》之旨趣。义虽未能详尽，亦可窥其梗概。唯冀净宗道侣，广为传布。于《地藏经》至心持诵，共获胜益焉。

略述印光大师之盛德

在泉州檀林福林寺念佛期讲

大师为近代之高僧，众所钦仰。其一生之盛德，非短时间所能叙述。今先略述大师之生平，次略举盛德四端，仅能于大师种种盛德中，粗陈其少分而已。

一、略述大师之生平

大师为陕西人。幼读儒书，二十一岁出家，三十三岁居普陀山，历二十年，人鲜知者。至民国元年，师五十二岁时，始有人以师文隐名登入《上海佛学丛报》者。民国六年，师五十七岁，乃有人刊其信稿一小册。至民国七年，师五十八岁，即余出家之年，是年春，乃刊文钞一册，世遂稍有知师名者。以后续刊文钞二册，又增为四册，于是知名者渐众。有通信问法者，有亲至普陀参礼者。民国十九年，师七十岁，移居苏州报国寺。此后十年，为弘法最盛之时期。民国二十六年，战事起，乃移灵岩山，遂兴念佛之大道场。二十九年十一月初四日生西。生平不求名誉，他人有作文赞扬师德者，辄痛斥之。不贪蓄财物，他人供养钱财者至多，师以印佛书流通，或救济灾难等。一生不畜剃度弟子，而全国僧众多钦服其教化。一生不任寺中住持监院等职，而全国寺院多蒙其护法，各处寺房或寺产，有受人占夺者，师必为尽力设法以保全之。故综观师之一生而言，在师自己决不求名利恭敬，而于实际上，能令一切众生皆受莫大之利益。

二、略举盛德之四端

大师盛德至多，今且举常人之力所能随学者四端，略说述之。因师之种种盛德，多非吾人所可及，今所举之四端，皆是至简至易，无论何人，皆可依此而学也。

〔甲〕习劳：大师一生，最喜自作劳动之事。余于民国十三年曾到普陀山，其时师年六十四岁，余见师一人独居，事事躬自操作，别无侍者等为之帮助。直至去年，师年八十岁，每日仍自己扫地、拭几、擦油灯、洗衣服。师既如此习劳，为常人作模范，故见人有懒惰懈怠者，多诚劝之。

〔乙〕惜福：大师一生，于惜福一事最为注意。衣食住等，皆极简单粗劣，力斥精美。民国十三年，余至普陀山，居七日，每日自晨至夕，皆在师房内观察师一切行为。师每日晨食仅粥一大碗，无菜。师自云："初至普陀时，晨食有咸菜，因北方人吃不惯，故改为仅食白粥，已三十余年矣。"食毕，以舌舐碗，至极净为止。复以开水注入碗中，涤荡其余汁，即以之漱口，旋即咽下，唯恐轻弃残余之饭粒也。至午食时，饭一碗，大众菜一碗。师食之，饭菜皆尽。先以舌舐碗，又注入开水涤荡以漱口，与晨食无异。师自行如是，而劝人亦极严厉。见有客人食后，碗内剩饭粒者，必大呵曰："汝有多么大的福气？竟如此糟蹋！"此事常常有，余屡闻及人言之。又有客人以冷菜泼弃痰桶中者，师亦呵诫之，以上且举饭食而言。其他惜福之事，亦均类此也。

〔丙〕注重因果：大师一生最注重因果，尝语人云："因果之法，为救国救民之急务。必令人人皆知现在有如此因，将来即有如此果，善有善报，恶有恶报。欲挽救世道人心，必须于此入手。"大师无论见何等人，皆以此理痛切言之。

〔丁〕专心念佛：大师虽精通种种佛法，而自行劝人，则专依念佛法门。师之在家弟子，多有曾受高等教育及留学欧美者。而师决不与彼等高谈佛法之哲理，唯

——劝其专心念佛。彼弟子辈闻师言者，亦皆一一信受奉行，决不敢轻视念佛法门而妄生疑议。此盖大师盛德感化有以致之也。

以上所述，因时间短促，未能详尽，然即此亦可略见大师盛德之一斑。若欲详知，有上海出版之《印光大师永思集》，泉州各寺当有存者，可以借阅。今日所讲者止此。

敬三宝

癸酉闰五月五日在泉州大开元寺讲

三宝者，佛、法、僧也。其义甚广，今唯举其少分之义耳。

今言佛者，且约佛像而言，如木石等所雕塑及纸画者也。

今言法者，且约经律论等书册而言，或印刷或书写也。

今言僧者，且约当世凡夫僧而言，因菩萨罗汉等附入，敬佛门也。

一、敬佛（略举常人所应注意者数条）

礼佛时宜洗手漱口，至诚恭敬，缓缓而拜，不可急忙，宁可少拜，不可草率。佛几清洁，供香端直，供佛之物，以烹调精美，人所能食者为宜。今多以食物之原料及罐头而供佛者，殊为不敬。蕅益大师大悲行法中，曾痛斥之。又供佛宜在午前，不宜过午也。供水果亦宜午前，供水宜捧奉式。供花，花瓶水宜常换。

纸画之佛像，不可仅以绫裱，恐染蝇粪等秽物也（少蝇者或可）。宜装入玻璃镜中。

木石等雕塑者，小者应入玻璃龛中，大者应作宝盖罩之，并须常拂拭像上之尘土也。

凡大殿及供佛之室中，皆不宜踞坐笑谈，如对于国王大臣乃至宾客之前尚应恭敬，慎护威仪，何况对佛像耶？不可佛前晒衣服，宜偏侧。不得在大殿前用夜壶水浇花。若卧室中供佛像者，眠时应以净布遮障。

二、敬法（略举常人所应注意者数条）

读经之时，必须洗手漱口拭几，衣服整齐，威仪严肃，与礼佛时无异。藕益大师云："展卷如对活佛，收卷如在目前，千遍万遍，寤寐不忘。"如是乃能获读经之实益也。

对于经典，应十分恭敬护持，万不可令其污损。又翻篇时，宜以指腹轻轻翻之，不可以指爪划，又不应折角，若欲记志，以纸片加入可也。

若经典残缺者亦不可烧。卧室中几上置经典者，眠时应以净布盖之。

附：每日诵经时仪式
- 礼佛：多少不拘。
- 赞佛：经偈或天上天下无如佛等，阿弥陀佛身金色等。炉香乍爇不是赞佛。
- 供养：愿此香华云等。
- 读经
- 回向：不拘。或用我此普贤殊胜行等。

三、敬僧（略举常人所应注意者数条）

凡剃发披袈裟者，皆是释迦佛子，在家人见之，应一例生恭敬心，不可分别持戒破戒。

若皈依三宝时，礼一出家人为师而作证明者，不可妄云皈依某人；因所皈依者为僧，非皈依某一人。应于一切僧众若贤若愚，生平等心，至诚恭敬，尊之为师，自称弟子，则与皈依僧伽之义，乃符合矣。

供养僧者亦尔。不可专供有德者，应于一切僧生平等心普遍供之，乃可获极大之功德也。专供一人者功德小，供众者功德大。

出家人若有过失，在家人闻之万不可轻言。此为佛所痛诫者最宜慎之。以上略言敬三宝义竟。兹附有告者，厦门泉州神庙甚多，在家敬神每用猪鸡等物。岂知神皆好善而恶杀，今杀猪鸡等物而供神，神不受享，又安能降福而消灾耶？唯愿自今以后，痛革此种习惯，凡敬神时，亦一例改用素，则至善矣。

改习惯

癸酉在泉州承天寺讲

  吾人因多生以来之夙习，及以今生自幼所受环境之熏染，而自然现于身口意者，名曰习惯。

  习惯有善不善，今且言其不善者。常人对于不善之习惯，而略称之曰习惯。今依俗语而标题也。

  在家人之教育以矫正习惯为主；出家人亦尔。但近世出家人，唯尚谈玄说妙。于自己微细之习惯，固置之不问，即自己一言一动，极粗显易知之习惯，亦罕有加以注意者，可痛叹也。

  余于三十岁时即觉知自己恶习惯太重，颇思尽力对治。出家以来，恒战战兢兢，不敢任情适意。但自愧恶习太重，二十年来，所矫正者，百无一二。自今以后，愿努力痛改。更愿有缘道侣，亦皆奋袂兴起，同致力于此也。

吾人之习惯甚多，今欲改正，宜依如何之方法耶？若胪列多条，而一时改正，则心劳而效少，以余经验言之，宜先举一条，乃至三四条，逐日努力检点，既已改正后再逐渐增加可耳。今春以来有道侣数人，与余同研律学，颇注意于改正习惯，数月以来，稍有成效。今愿述其往事，以告诸公，但诸公欲自改其习惯，不必尽依此数条，尽可随宜酌定。余今所述者，特为诸公作参考耳。

　　学律诸道侣，已改之习惯，有七条：

　　一、食不言：现时中等以上之各寺院皆有此制，故改正甚易。

　　二、不非时食：初讲律时，即由大众自己发心，同持此戒。后来学者亦尔，遂成定例。

　　三、衣服朴素整齐：或有旧制，色质未能合宜者，暂作内衣，外罩如法之服。

　　四、别修礼诵等课程：每日除听讲研究抄写，及随寺众课诵外，皆别自立礼诵等课程，尽力行之。或有每晨于佛前跪读法华经者；或有读华严经者；或有读金刚经者；或每念佛一万以上者。

　　五、不闲谈：出家人每喜聚众闲谈，虚丧光阴，废弛道业，可悲可痛。今诸道侣已能渐除此习，每于食后或傍晚休息之时，皆于树下檐边，或经行或端坐，若默诵佛号，若朗读经文，若净心摄念。

六、不阅报：各地日报，社会新闻栏中，关于杀盗淫妄等事记载最详。而淫欲诸事，尤描摹尽致，虽无淫欲之人，常阅报纸，亦必受其熏染，此为现代世俗教育家所痛慨者。夫在家人所以须阅报者，为职业事务之关系，不得已也。若出家之人，应修戒定慧，日夜精进，如救头然，何须披阅报纸而消遣耶。故学律诸道侣，近已自己发心不阅报纸。

七、常劳动：出家人性多懒惰，不喜劳动。今学律诸道侣，皆已发心，每日扫除大殿及僧房檐下，并奋力做其他种种劳动之事。

以上为已改正之习惯，共有七条。

尚有近来待实行改正之二条，亦附列于下：

一、食碗不剩饭粒：印光法师最不喜此事。若见剩饭粒者，即当面痛呵斥之。所谓施主一粒米，恩重大如山也。但若烂粥烂面留滞碗上，不易除去者，则非此限。

二、坐时注意威仪：垂足坐时，双腿平列，不宜左右互相翘架；更不宜耸立或直伸，余于在家时已改此习惯。且现在出家人普通之威仪，亦不许如此。想此习惯，不难改正也。总之，学律诸道侣，改正习惯时，皆由自己发心，绝无人出命令而禁止也。

常随佛学

癸酉七月十一日在泉州承天寺为幼年诸学僧讲

华严行愿品末卷所列十种广大行愿中，第八曰常随佛学。若依华严经文所载种种神通妙用，决非凡夫所能随学。但其他经律等，载佛所行事，有为我等凡夫作模范，无论何人皆可随学者亦屡见之。今且举七事：

一、佛自扫地

根本说一切有部毗奈耶杂事云："世尊在逝多林，见地不净，即自执箒^{叙悦切。}欲扫林中。时舍利子、大目犍连、大迦叶、阿难陀等，诸大声闻，见是事已，悉皆执箒共扫园林。时佛世尊及胜圣弟子扫除已，入食堂中，就座而坐。佛告诸比丘凡扫地者，有五胜利：一者自心清净，二者令他心净，三者诸天欢喜，四者植端正业，五者命终之后当生天上。"

二、佛自舁①弟子及自汲水

五分律，佛制饮酒戒缘起云："婆伽陀比丘，以降龙故，得酒醉。衣钵纵横。佛与阿难舁至井边，佛自汲水阿难洗之。"等。

三、佛自修房

十诵律云："佛在阿罗毗国，见寺门楣②。损，乃自修之。"

四、佛自洗病比丘及自看病

四分律云："世尊即扶病比丘起，拭身不净，拭已洗之。洗已复为浣衣晒干。有故坏卧草弃之。扫除住处，以泥浆涂洒极令清净。更敷新草，并敷一衣。还安卧病比丘已，复以一衣覆上。"

西域记云："祇桓东北有塔，即如来洗病比丘处。"

---

① 音余。即共扛抬也
② 门户上之横梁

又云："如来在日有病比丘，含苦独处。佛问：'汝何所苦，汝何独居？'答曰：'我性疏懒不耐看病，故今婴疾，无人瞻视。'佛愍而告曰：'善男子！我今看汝。'"

五、佛为弟子裁衣

中阿含经云："佛亲为阿那律裁三衣。"诸比丘同时为连合，即成。

六、佛自为老比丘穿针

此事知者甚多，今以忘记出何经律，不及检查原文，仅就所记忆大略之义录之。佛在世时有老比丘补衣。因目昏花，未能以线穿针孔中。乃叹息曰："谁当为我穿针？"佛闻之，即立起曰："我为汝穿之。"等。

七、佛自乞僧举过

是谓佛及弟子等结夏安居既竟，具仪自恣时也。增一阿含经云："佛坐草座，即是离本座，敷草于地而坐也。以尔者，恣僧举过，舍憍慢故。所告诸比丘言："我无过咎于众人乎？又不犯身口意乎？如是至三。"灵芝律师云："如来亦自恣者，示同凡法故；垂范后世故；

令众省己故；使折我慢故。"

如是七事，冀诸仁者勉力随学。远离憍慢，增长悲心，广植福业，速证菩提。是为余所悕愿者耳。

授三皈依大意

癸酉五月在万寿岩讲

一、三皈之略义

三皈者，皈依于佛、法、僧三宝也。

三宝义甚广，有种种区别。今且就常人最了解者，略举之。

佛者，如释迦牟尼佛、阿弥陀佛等诸佛是也。法者为佛所说之法，或菩萨等依据佛意所说之法，即现今所流传之大小乘经律论三藏也。僧者如菩萨声闻诸圣贤众，下至仅剃发被袈裟者皆是也。

皈依者，归向依赖之意。

皈依于三宝者，乞三宝救护也。大方便佛报恩经云："譬人获罪于王，投向异国以求救护。异国王言，汝来无畏，但莫出我境，莫违我教，必相救护。众生亦尔，系属于魔，有生死罪。皈向三宝以求救护。若诚心皈依，更无异向，不违佛教，魔王邪恶，无如之何。"

既已皈依于佛。自今以后，决不再依天仙神鬼一切诸外道等。

既已皈依于法。自今以后，决不再依诸外道典籍。

既已皈依于僧。自今以后，决不再依于不奉行佛法者。

二、授三皈之方法

一、忏悔。二、正授三皈。三、发愿回向。

应先请授者详力解释此三种文义。因仅读文而未解义，不能获诸善法也。

正授三皈之文有多种，常所用者如下：

我某甲，尽形寿，皈依佛，皈依法，皈依僧。三说

我某甲，皈依佛竟，皈依法竟，皈依僧竟。三结

前三说时，已得皈依善法。后三结者，重更叮咛令不忘失也。

忏悔文及发愿回向文，由授者酌定之。但发愿回向，应有"以此功德回向众生同生西方齐成佛道"之意，万不可唯求自利也。

三、授三皈之利益

经律论中，赞叹皈依三宝功德之文甚多，今略举四则。

灌顶经云：受三皈者，有三十六善神，与其无量诸眷属，守护其人令其安乐。

善生经云：若人受三皈，所得果报，不可穷尽。如四大宝藏，^{四宝者，金、银、琉璃、玻璃。}举国人民，七年之中，运出不尽。受三皈者，其福过彼，不可称计。

较量功德经云：若三千大千世界，满中如来，如稻麻竹苇。若人四事供养，^{饮食、卧具、衣服、汤药。}满二万岁。诸佛灭后，各起宝塔，复以香花供养，其福甚多。不如有人以清净心，皈依佛法僧三宝，所得功德。

大集经云：妊娠女人，恐胎不安，先授三皈已，儿无加害，乃至生已，身心具足，善神拥护。是母受兼资于子也。

四、结语

在本寺正式讲律，至今日圆满。今日所以聚集缁素诸众，讲三皈大意者，一以备诸师参考，俾他日为人授三皈时，知其简要之方法也。一以教诸在家人，令彼得了知三皈之大意，俾已受者，能了此意，应深自庆幸，其未受者，先能了知此意，且为他日依师受三皈之基础也。

净宗问辨

乙亥二月于万寿岩讲

　　古德撰述，每设问答，遣除惑疑，翼赞净土，厥功伟矣。宋代而后，迄于清初，禅宗最盛，其所致疑多原于此。今则禅宗渐衰，未劳攻破，而复别有疑义，盛传当时。若不商榷，或致讹乱。故于万寿讲次，别述所见，冀息时疑。匪曰好辨，亦以就正有道耳。

　　问：当代弘扬净土宗者，恒谓专持一句弥陀，不须复学经律论等，如是排斥教理，偏赞持名，岂非主张太过耶？

　　答：上根之人，虽有终身专持一句圣号者，而决不应排斥教理。若在常人，持名之外，须于经律论等随力兼学，岂可废弃？且如灵芝疏主，虽撰义疏盛赞持名，然其自行亦复深研律藏，旁通天台法相等，其明证矣。

问：有谓净土宗人，率多抛弃世缘。其信然欤？

答：若修禅定或止观或密咒等，须谢绝世缘，入山静习。净土法门则异于是，无人不可学，无处不可学，士农工商各安其业，皆可随分修持净土，又于人事善利群众公益一切功德，悉应尽力集积，以为生西资粮。何可云抛弃耶？

问：前云修净业者不应排斥教理抛弃世缘，未审出何经论？

答：经论广明，未能具陈。今略举之。观无量寿经云：欲生彼国者当修三福，一者孝养父母，奉事师长，慈心不杀，修十善业。二者受持三归，具足众戒，不犯威仪。三者发菩提心，深信因果，读诵大乘，劝进行者。如此三事名为净业，乃是过去未来现在三世诸佛净业正因。无量寿经云：发菩提心，修诸功德，植诸德本，至心回向，欢喜信乐，修菩萨行。大宝积经发胜志乐会云：佛告弥勒菩萨言，菩萨发十种心，一者于诸众生，起于大慈，无损害心。二者于诸众生起于大悲，无逼恼心。三者于佛正法，不惜身命，乐守护心。四者于一切法，发生胜忍，无执着心。五者不贪利养，恭敬尊重，净意乐心。六者求佛种智，于一切时，无忘失心。七者于诸众生，尊重恭敬，无下劣心。八者不着世论，于菩提分，生决定心。九者种诸善根，无有杂染，清净之心。

十者于诸如来，舍杂诸相，起随念心。若人于此十种心中，随成一心，乐欲往生极乐世界，若不得生，无有是处。

问：菩萨应常处娑婆，代诸众生受苦，何故求生西方？

答：灵芝疏主初出家时，亦尝坚持此见，轻谤净业，后遭重病，色力痿羸，神识迷茫，莫知趣向。既而病瘥，顿觉前非，悲泣感伤，深自克责。以初心菩萨未得无生法忍，志虽洪大，力不堪任也。大智度论云：具缚凡夫有大悲心，愿生恶世救苦众生无有是处，譬如婴儿不得离母，又如弱羽祇可附枝。未证无生法忍者，要须常不离佛也。

问：法相宗学者欲见弥勒菩萨，必须求生兜率耶？

答：不尽然也。弥勒菩萨乃法身大士，尘尘刹刹同时等遍。兜率内院有弥勒，极乐世界亦有弥勒。故法相宗学者不妨求生西方。且生西方已，并见弥陀及诸大菩萨，岂不更胜。华严经普贤行愿品云：到已，即见阿弥陀佛、文殊师利菩萨、普贤菩萨、观自在菩萨、弥勒菩萨等。又阿弥陀经云："其中多有一生补处，其数甚多，非是算数所能知之，但可以无量无边阿僧祇说，众生闻者，应当发愿愿生彼国，所以者何？得与如是诸上善人俱会一处。"据上所引经文，求生西方最为殊胜也。故慈恩教主窥基大师曾撰阿弥陀经通赞三卷及疏一卷，普劝众生同归极乐。遗范具在，确可依承。

问：兜率近而易生。极乐远过十万亿佛土，若欲往生，不綦难欤？

答：华严经普贤行愿品云："一刹那中，即得往生极乐世界。"灵芝弥陀义疏云：十万亿佛土，凡情疑远，弹指可到，十方净秽同一心故，心念迅速不思议故。由是观之，无足虑也。

问：闻密宗学者云，若唯修净土法门，念念求生西方即渐渐减短寿命终致夭亡，故修净业者必须兼学密宗长寿法，相辅而行，乃可无虑。其说确乎？

答：自古以来专修净土之人多享天年，且有因念佛而延寿者，前说似难信也。又既已发心求生西方，即不须顾虑今生寿命长短。若顾虑者，必难往生。人世长寿不过百年，西方则无量无边阿僧祇劫，智者权衡其间，当知所轻重矣。

问：有谓弥陀法门专属送死之教，若药师法门生能消灾延寿，死则往生东方净刹，岂不更善？

答：弥陀法门于现生何尝无有利益。具如经论广明。今且述余所亲闻事实四则证之，以息其疑。（一）瞽目重明。嘉兴范古农友人戴君曾卒业于上海南洋中学，忽尔双目失明，忧郁不乐。古农乃劝彼念阿弥陀佛，并介绍居住平湖报本寺日夜一心专念，如是年余，双目重明如故。此事古农为余言者。（二）沉疴顿愈。海盐徐蔚如旅居京师，屡患痔疾经久不愈。曾因事远出，乘人力车摩擦颠簸。归寓之后，痔乃大发，痛彻心髓，经七昼夜不能睡眠，病已垂危。因忆华严十回向品代众生受苦文，依之发愿，后即一心专念阿弥陀佛，不久遂能安眠，醒后痔疾顿愈。迄今已十数年，未曾再发。此事蔚如尝与印光法师言之。余复致书询问，彼言确有其事也。（三）冤鬼不侵。四川释显真，又字西归。在家时历任县长，杀戮土匪甚多。出家不久，即住宁波慈溪五磊寺。每夜梦见土匪多人，血肉狼藉，凶暴愤怒，执持枪械，向其索命。遂大恐惧，发勇猛心，专念阿弥陀佛，日夜不息，乃至梦中亦能持念，梦见土匪，即念佛号以劝化之。自是梦中土匪渐能和驯，数月以后，不复见矣。余与显同住最久，常为余言往事，且叹念佛功德之不可思议也。（四）危难得免。温州吴璧华勤修净业，行住坐卧恒念弥陀圣号，十一年壬戌七月下旬温州飓风暴雨，墙屋倒坏者甚多，是夜璧华适卧墙侧，默念佛号而眠。夜半，墙忽倾圮，砖砾泥土坠落遍身，家人疑已压毙，相率奋力除去砖土。见璧华安然无恙，犹念佛号不辍。察其颜面以至肢体，未有毫发损伤，乃大惊叹，共感佛恩。其时余居温州庆福寺，风灾翌日，璧华亲至寺中向余言之。

璧华早岁奔走革命，后修佛法，于北京温州杭州及东北各省尽力弘扬佛化，并主办赈济慈善诸事，临终之际，持念佛号，诸根悦豫，正念分明。及大殓时，顶门犹温。往生极乐，可无疑矣。

药师法门修持课仪略录

己卯二月在泉州光明寺讲

　　药师如来法门大略，如大药师寺已印行之药师如来法门略录所载。

　　今所述者，为吾人平常修持简单之课仪。若正式供养法，乃至以五色缕结药叉神将名字法等，将来拟别辑一卷专载其事，今不述及。

　　欲修持药师如来法门者，应供药师如来像。上海佛学书局有石印彩色之像，可以供奉，宜装入玻璃镜中。供像之处，不可在卧室。若不得已，在卧室供奉者，睡眠之时，宜以净布覆盖像上。

　　药师经，供于几上。不读诵时，宜以净布覆盖。

　　供佛像之室内，须十分净洁。每日宜扫地，并常常拂拭几案。

　　供佛之香，须择上等有香气者。

供佛之花，须择开放圆满者，若稍残萎，即除去。花瓶之水，宜每日更换。若无鲜花时，可用纸制者代之。

此外如供净水、供食物等，随各人意。但所供食物，须人可食者乃供之，若未熟之水果及未烹调之蔬菜等皆不可供。

以上所举之供物，应于礼佛之前预先供好。凡在佛前供物或礼佛时，必须先洗手漱口。

此外如能悬幡燃灯尤善，无者亦可。

以下略述修持课仪，分为七门。其中礼敬、赞叹、供养、回向、发愿，必须行之。诵经、持名、持咒，可随己意，或唯修二法，或仅修一法，皆可。

一、礼敬

十方三宝一拜，或分礼佛法僧三拜。本师释迦牟尼佛一拜。药师琉璃光如来三拜。此外若欲多拜，或兼礼敬其他佛菩萨者，随己意增加。

礼敬之时，须至诚恭敬，缓缓拜起，万不可匆忙。宁可少拜，不可草率。

二、赞叹

礼敬既毕，于佛前长跪合掌，唱赞偈云：

归命满月界，净妙琉璃尊；法药救人天，因中十二愿；

慈悲弘誓广，愿度诸含生；我今申赞扬，志心头面礼。

右赞偈出药师如来消灾除难念诵仪轨。唱赞之时，声宜迟缓，宜庄重。

三、供养

赞叹既毕，于佛前长跪合掌，唱供养偈云：

愿此香花云，遍满十方界；一一诸佛土，无量香庄严；

具足菩萨道，成就如来香。

供养毕，或随己意增诵忏悔文，或可略之。

四、诵经

字音不可讹误，宜详考之。
诵经时，或跪或立或坐或经行皆可。

五、持名

先唱赞偈云：

> 药师如来琉璃光，焰网庄严无等伦；
> 无边行愿利有情，各遂所求皆不退。

续云，南无东方净琉璃世界药师琉璃光如来。以后即持念药师琉璃光如来名号一百八遍。若欲多念者，随意。

六、持咒

或据经中译音持念，或别依师学梵文原音持念，皆可。

或念全咒一百八遍。或先念全咒七遍，继念心咒一百八遍，后复念全咒七遍。心咒者，即是咒中唵字以下之文。

未经密宗阿阇黎传授，不可结手印。擅结者，有大罪。

持咒时，不宜大声，唯令自己耳中得闻。

持咒时，以坐为正式，或经行亦可。

七、回向发愿

回向与发愿大同，故今并举。其稍异者，回向须先修功德，再以此功德回向，唯愿如何云云。若先未修功德者，仅可云发愿也。

回向发愿，为修持者最切要之事。若不回向，则前所修之功德，无所归趣。今修持药师如来法门者，回向之愿，各随己意。凡药师经中所载者，皆可发之，应详阅经文，自适其宜可耳。

以上所述之修持课仪，每日行一次或二次三次。必须至心诚恳，未可潦草塞责。印光老法师云："有一分恭敬，得一分利益，有十分恭敬，得十分利益。"吾人修持药师如来法门者，应深昧斯言，以自求多福也。

佛法大意

戊寅年六月十九日在漳州七宝寺讲

我至贵地，可谓奇巧因缘。本拟住半月返厦。因变住此，得与诸君相晤，甚可善。

先略说佛法大意。

佛法以大菩提心为主。菩提心者，即是利益众生之心。故信佛法者，须常抱积极之大悲心，发救济一切众生之大愿，努力作利益众生之种种慈善事业。乃不愧为佛教徒之名称。

若专修净土法门者，尤应先发大菩提心。否则他人谓佛法是消极的、厌世的、送死的。若发此心者，自无此误会。

至于作慈善事业，尤要。既为佛教徒，即应努力作利益社会之种种事业。乃能令他人了解佛教是救世的、积极的，不起误会。

或疑经中常言空义，岂不与前说相反。

今案大菩提心，实具有悲智二义。悲者如前所说。智者不执着我相，故曰空也。即是以无我之伟大精神，而做种种之利生事业。

若解此意，而知常人执着我相而利益众生者，其能力薄、范围小、时不久、不彻底。若欲能力强、范围大、时间久、最彻底者，必须学习佛法，了解悲智之义，如是所作利生事业乃能十分圆满也。故知所谓空者，即是于常人所执着之我见，打破消灭，一扫而空。然后以无我之精神，努力切实作种种之事业。亦犹世间行事，先将不良之习惯等一一推翻，然后良好建设乃得实现也。

今能了解佛法之全系统及其真精神所在，则常人谓佛教是迷信是消极者，固可因此而知其不当。即谓佛教为世界一切宗教中最高尚之宗教，或谓佛法为世界一切哲学中最玄妙之哲学者，亦未为尽理。

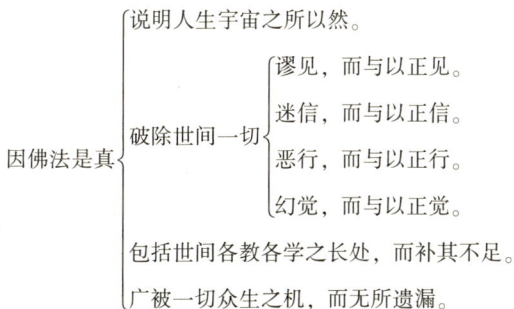

```
                说明人生宇宙之所以然。

                        谬见，而与以正见。

                        迷信，而与以正信。
因佛法是真   破除世间一切
                        恶行，而与以正行。

                        幻觉，而与以正觉。

                包括世间各教各学之长处，而补其不足。

                广被一切众生之机，而无所遗漏。
```

不仅中国，现今如欧美诸国人，正在热烈的研究及提倡，出版之佛教书籍及杂志等甚多。

故望已为佛教徒者，须彻底研究佛法之真理，而努力实行，俾不愧为佛教徒之名。其未信佛法者，亦宜虚心下气，尽力研究，然后于佛法再加以评论。此为余所希望者。

以上略说佛法大意毕。

又当地信士，因今日为菩萨诞，欲请解释南无观世音菩萨之义。兹以时间无多，唯略说之。

南无者，梵语，即归依义。

菩萨者，梵语，为菩提萨埵之省文。菩提者觉，萨埵者众生。因菩萨以智上求佛法，以悲下化众生，故称为菩提萨埵。此以悲智二义解释，与前同也。

观世音者，为此菩萨之名。亦可以悲智二义分释。如楞严经云："由我观听十方圆明，故观音名遍十方界。"约智言也。如法华经云："苦恼众生一心称名，菩萨实时观其音声，皆得解脱，以是名观世音。"约悲言也。

净土法门大意

壬申十月在厦门妙释寺讲

今日在本寺演讲，适值念佛会期。故为说修净土宗者应注意的几项。

修净土宗者，第一须发大菩提心。无量寿经中所说三辈往生者，皆须发无上菩提之心。观无量寿佛经亦云，欲生彼国者，应发菩提心。

由是观之，唯求自利者，不能往生。因与佛心不相应，佛以大悲心为体故。

常人谓净土宗唯是送死法门（临终乃有用）。岂知净土宗以大菩提心为主，常应抱积极之大悲心，发救济众生之宏愿。

修净土宗者，应常常发代众生受苦心。愿以一肩负担一切众生，代其受苦。所谓一切众生者，非限一县一省，乃至全世界。若依佛经说，如此世界之形，更有不可说不可说许多之世界，有如此之多故。凡此一切世界之众生，所造种种恶业应受种种之苦，我愿以一人一肩之力完全负担。决不畏其多苦，请旁人分任。因最初发誓愿，决定愿以一人之力救护一切故。

譬如日，不以世界多故，多日出现。但一日出，悉能普照一切众生。今以一人之力，负担一切众生，亦如是。

以上但云以一人能救一切，是横说。若就竖说，所经之时间，非一日数日数月数年。乃经不可说不可说久远年代，尽于未来，决不厌倦。因我愿于三恶道中，以身为抵押品，赎出一切恶道众生。众生之罪未尽，我决不离恶道，誓愿代其受苦。故虽经过极长久之时间，亦决不起一念悔心，一念怯心，一念厌心。我应生十分大欢喜心，以一身承当此利生之事业也。已上讲应发大菩提心竟。

至于读诵大乘，亦是观经所说。修净土法门者，固应诵阿弥陀经，常念佛名。然亦可以读诵普贤行愿品，回向往生。因经中最胜者，华严经。华严经之大旨，不出《普贤行愿品》第四十卷之外。此经中说，诵此普贤愿王者，能获种种利益，临命终时，此愿不离，引导往生极乐世界，乃至成佛。故修净土法门者，常读诵此普贤行愿品，最为适宜也。

至于作慈善事业，乃是人类所应为者。专修念佛之人，往往废弃世缘，懒作慈善事业，实有未可。因现生能作种种慈善事业，亦可为生西之资粮也。

就以上所说
{
第一劝大家应发大菩提心。否则他人将谓净土法门是
{
小乘
消极的
厌世的
送死的
}

复劝常读行愿品，可以助发增长大菩提心

至于作慈善事业尤要
}

若发心者，自无此讥评。

因既为佛徒，即应努力作利益社会种种之事业，乃能令他人了解佛教是救世的、积极的，不起误会。

关于净土宗修持法，于诸书皆详载，无俟赘陈。故唯述应注意者数事，以备诸君参考。

劝念佛菩萨求生西方

近印光法师尝云：飞机炸弹大炮常常有，当此时应精进念佛菩萨名号。

> 不应死者，可消灾免难。
>
> 若定业不可转，应被难命终者，即可因此生西方。

以上法师之言，今略申说其意。

念佛（阿弥陀佛），常人唯知生西，但现生亦有利益。古德尝依经论之义，谓念佛有十大利益。念观世音名号，常人皆知现生获益，故念佛菩萨可避飞机炸弹大炮，亦决定无疑。

常人见飞机来，唯知惧。空怕，何益。入地洞上山亦无益。唯有诚心念佛菩萨。

于十分危险时，念佛菩萨必恳切，容易获感应。若欲免难，唯有勤念佛菩萨。

危险时须念，平日亦须念。因平日勤念，危险时更得力。

业有二种，以上且约不定业言。倘定业不可转，必须被难命终者，虽为弹炮所伤，亦决定生西。

常人唯知善终（即因病）乃生西，但为弹炮所伤亦可生。因念佛菩萨诚，佛菩萨必来接引，无痛苦生西。

须知生西后，无苦但乐。衣食自然，居处美丽，常见佛菩萨闻法，乃最好之事。故被伤生西，可谓因祸得福。

无论何人，皆应求生西方。即现在不应死者，暂免灾难，亦不能永久安乐。

娑婆苦。今生尚轻，前几生更苦。此次苦尚轻，以后更苦。故欲十分安全，不可专顾目前暂时，必须放开远大眼光，求生西方也。

若约通途教义言，应观我身人身山河大地等皆虚妄不实，飞机炸弹大炮等亦当然空无所有。如常人所诵之心经、金刚经等皆明此义。心经云："照见五蕴皆空，度一切苦厄。"金刚经云："一切有为法，如梦幻泡影，如露亦如电，应作如是观。"

若再详言，应分为空假中三观，复有次第一心之别。但吾人仅可解其义，若依此修观则至困难，即勉强修之，遇境亦不得力。故印光法师劝人专修净土法门也。因此法门易解，人人皆可实行。

故劝诸君须深信净土法门。又须于印光法师前所说者，深信不疑，安心念佛菩萨名号，不必忧惧也。

此次与日本抗战，他处皆多少受损害，唯泉州安然。此是诸君念佛诵经之力，故能免一时之危险。但后患方长，不可安心，必须精进念佛菩萨，俾今生命终时，决定生西，乃是十分安全之道也。

略说。劝念佛菩萨，求生西方。至要至要。

药师如来法门一斑

己卯四月在永春普济寺讲王世英记

今天所讲，就是深契时机的药师如来法门。我近年来，与人谈及药师法门时，所偏注重的有几样意思，今且举出，略说一下。

药师法门甚为广大，今所举出的几样，殊不足以包括药师法门的全体，亦只说是法门之一斑了。

一、维持世法

佛法本以出世间为归趣，其意义高深，常人每难了解。若药师法门，不但对于出世间往生成佛的道理屡屡言及，就是最浅近的现代实际上人类生活亦特别注重。如经中所说："消灾除难，离苦得乐，福寿康宁，所求如意，不相侵陵，互为饶益"等，皆属于此类。就此可见佛法亦能资助家庭社会的生活，与维持国家世界的安宁，使人类在这现生之中即可得到佛法的利益。

　　或有人谓佛法是消极的、厌世的，无益于人类生活的，闻以上所说药师法门亦能维持世法，当不至对于佛法再生种种误解了。

二、辅助戒律

　　佛法之中，是以戒为根本的，所以佛经说："若无净戒，诸善功德不生。"但是受戒容易，得戒为难，持戒不犯更为难。今若能依照药师法门去修持力行，就可以得到上品圆满的戒。假使于所受之戒有毁犯时，但能至心诚恳持念药师佛号并礼敬供养者，即可消除犯戒的罪，还得清净，不至再堕落在三恶道中。

三、决定生西

　　佛法的宗派非常之繁，其中以净土宗最为兴盛。现今出家人或在家人修持此宗，求生西方极乐世界者甚多。但修净土宗者，若再能兼修药师法门，亦有资助决定生西的利益。依药师经说："若有众生能受持八关斋戒，又能听见药师佛名，于其临命终时，有八位大菩萨来接引往生西方极乐世界众宝莲花之中。"依此看来，药师佛虽是东方的佛，而也可以资助往生西方，能使吾人获得决定往生西方的利益。

再者，吾人修净土宗的，倘能于现在环境的苦乐顺逆一切放下，无所挂碍，则固至善。但是切实能够如此的，千万人中也难得一二。因为我们是处于凡夫的地位，在这尘世之时，对于身体衣食住处等，以及水火刀兵的天灾人祸，在在都不能不有所顾虑，倘使身体多病，衣食住处等困难，又或常常遇着天灾人祸的危难，皆足为用功办道的障碍。若欲免除此等障碍，必须兼修药师法门以为之资助，即可得到药师经中所说"消灾除难离苦得乐"等种种利益也。

四、速得成佛

药师经，决非专说世间法的。因药师法门，唯是一乘速得成佛的法门。所以经中屡云："速证无上正等菩提，速得圆满。"等。

若欲成佛，其主要的原因，即是"悲智"两种愿心。药师经云："应生无垢浊心，无怒害心，于一切有情起利益安乐、慈悲喜舍平等之心。"就是这个意思。前两句从反面转说，"无垢浊心"就是智心，"无怒害心"就是悲心。下一句正说，"舍"及"平等之心"就是智心，余属悲心。悲智为因，菩提为果，乃是佛法之通途。凡修持药师法门者，对于以上几句经文，尤宜特别注意，尽力奉行。

假使不如此，仅仅注意在资养现实人生的事，则唯获人天福报，与夫出世间之佛法了无关系。若是受戒，也不能得上品圆满的戒。若是生西，也不能往生上品。

所以我们修持药师法门的，应该把以上几句经文特别注意，依此发起"悲智"的宏愿。假使如此，则能以出世的精神来做世间的事业，也能得上品圆满的戒，也能往生上品，将来速得成佛可无容疑了。

药师法门甚为广大，上所述者，不过是我常对人讲的几样意思。将来暇时，尚拟依据全部经义，编辑较完备的药师法门著作，以备诸君参考。

最后，再就持念药师佛名的方法，略说一下。念佛名时，应依经文，念曰"南无药师琉璃光如来"，不可念"消灾延寿药师佛"。

泉州开元慈儿院讲录

戊寅二月吴栖霞记

我到闽南，已有十年，来到贵院，也有好几回，每一回到院，都觉得有一番进步，这是使我很喜欢的。贵院各种课程，都有可观，其最使我满意赞叹的，就是早晚两堂课诵。古语道：人身难得，佛法难闻。诸生倘非夙有善根，怎得来这里读书，又复闻佛法哩！今这样，真是好极了。诸生得这难得机缘，应各各起欢喜心，深自庆幸才是。

我今讲本师释迦牟尼佛在因地中为法舍身几段故事给诸位听，现在先引涅槃经一段来说：释迦牟尼佛在无量劫前，当无佛法时代，曾作婆罗门。这位婆罗门，品格清高，与众不同，发心访求佛法，那时忉利天天王在天宫瞧见，要试此婆罗门，有无真心，化为罗刹鬼，状极凶恶，来与婆罗门说法，但是仅说半偈（印度古代的习惯以四句为一偈）。婆罗门听了罗刹鬼所说的半偈很喜欢，要求罗刹再说后半偈，罗刹不肯。婆罗门力求，罗刹便向婆罗门道："你要我说后半偈，也可以，你应把身上的血给我饮，身上的肉给我吃，才可许你。"婆罗门为求法故，实时答应道："我甚愿将我身上的血肉给你。"罗刹以婆罗门既然诚恳地允许，便把后半偈说给他听。婆罗门得闻了后半偈，真觉心满意足，不特自己欢喜，并且把这偈书写在各处，遍传到人间去。婆罗门在各处树木、山岩上书写此四句偈后，为维持信用，便想应如何把自己血肉给罗刹吃呢？他就要跑上一棵很高很高的树上，跳跃下来，自谓可以丧了身命，便将血肉给罗刹吃。罗刹那时，看婆罗门不惜身命求法，心中十分感动，当婆罗门在高处舍身跃下，未坠地时，罗刹便现了天王的原形把他接住，这婆罗门因得不死。罗刹原系忉利天王所化，欲试试婆罗门的，今见婆罗门求法如此诚恳，自然是十分欢喜赞叹。若在婆罗门因志求无上正法，虽弃舍身命亦何所顾惜呢！刚才所说，婆罗门如此求法困难，不惜身命。诸位现在不要舍身，而很容易的得闻佛法，真是大可庆幸呀！

　　还有一段故事，也是涅槃经上说：过去无量劫时候，释迦牟尼佛，为一很穷困的人，当时有佛出世，见人皆先供养佛然后求法，己则贫穷无钱可供，他心生一计，愿以身卖钱来供佛，就到大街上去卖自己的身体。当在大街上喊卖身时，恰巧遇一病人，医生叫他每日应吃三两人肉，那病人看见有人卖身，便十分欢喜，因向贫人说："你每日给我三两人肉吃，我可以给你五枚金钱。"这位穷人，听了这话，与那病人商洽说：你先把五枚金钱拿来，我去买东西供养佛，求闻佛法，然后每日把我身上的肉割下给你吃。当时病人应允，即先付金钱。这穷人供佛闻法已毕，即天天以刀割身上的三两肉给病人吃，吃到一个月，病才痊愈。当穷人每天割肉的时候，他常常念佛所说的偈，精神完全贯注在法的方面，竟如没有痛苦，而且不久他的身体也就平复无恙了。这穷人因求法之故，发心做难行的苦行有如此勇猛。诸生现今在这院里求学，早晚皆得闻佛法，不但每日无须割去若干肉，而且有衣穿，有饭吃，这岂不是很难得的好机缘吗？

再讲一段故事，出于贤愚经：释迦牟尼佛在因地时候，有一次身为国王，因厌恶终其身居于国王位，没有什么好处，遂发心求闻佛法。当时来了一位婆罗门，对这国王说："王要闻法，可能把身体挖一千个孔，点一千盏灯来供养佛吗？若能如此，便可为你说法。"那国王听婆罗门这句话，便慨然对他说："这有何难，为要闻法，情愿舍此身命，但我现有些少国事未了，容我七天，把这国事交下着落，便就实行。"到第七天，国事办完，王便欲在身上挖千个孔，点千盏灯，那时全国人民知道此事，都来劝阻。谓大王身为全国人民所依靠，今若这样牺牲，全国人民将何所赖呢？国王说："现在你们依靠我，我为你们做依靠，不过是暂时，是靠不住的，我今求佛得佛，将来成佛，当先度化你们，可为你们永远的依靠，岂不更好，请大家放心，切勿劝阻。"那时国王马上就实行起来。呼左右将身上挖了一千孔，把油盛好，灯心安好，欣然对婆罗门说："请先说法，然后点灯。"婆罗门答应，就为他说法。国王听了，无限的满足，便把身上一千盏灯齐点起来，那时万众惊骇呼号。国王乃发大誓愿道："我为求法，来舍身命，愿我闻法以后，早成佛道，以大智慧光普照一切众生。"这声音一发，天地都震动了，灯光晃耀之下，诸天现前，即问国王："你身体如此痛苦，你心里也后悔吗？"国王答："绝不后悔。"后来国王复向空中发誓言："我这至诚求法之心，果能永久不悔，愿我此身体即刻回复原状。"话说未已，至诚所感，果然身上千个火孔，悉皆平复，并无些少创痕。刚才所说，闻法有如此艰难，诸生现在闻法则十分容易，岂不是诸生有大幸福吗！自今以后，应该发勇猛精进心，勤加修习才是！

以前我曾居住开元寺好几次，即住在贵院的后面，早晚闻诸生念佛念经很如法，音声亦甚好听，每站在房门外听得高兴。因各种课程固好，然其他学校也是有的，独此早晚二堂课诵，是其他学校所无，而贵院所独有的，此皆是贵院诸职教员善于教导，和你们诸位努力，才有这十分美满的成绩，我希望贵院，今后能够继续精进努力不断的进步，规模日益扩大，为全国慈儿院模范，这是我最后殷勤的希望。

放生与杀生之果报

癸酉五月十五日在泉州大开元寺讲

今日与诸君相见。先问诸君：一、欲延寿否？二、欲愈病否？三、欲免难否？四、欲得子否？五、欲生西否？

倘愿者。今有一最简便易行之法奉告。即是放生也。

古今来，关于放生能延寿等之果报事迹甚多。今每门各举一事，为诸君言之。

一、延寿：张从善，幼年，尝持活鱼，刺指痛甚。自念我伤一指，痛楚如是。群鱼剔腮剖腹，断尾剖鳞，其病如何？特不能言耳。遂尽放之溪中，自此不复伤一物，享年九十有八。

二、愈病：杭州叶洪五，九岁时，得恶梦，惊痗，呕血满床，久治不愈。先是彼甚聪颖，家人皆爱之，多与之钱，已积数千缗。至是，其祖母指钱曰，病至不起，欲此何为？尽其所有，买物放生，及钱尽，病遂痊愈矣。

三、免难：嘉兴孔某，至一亲戚家。留午餐，将杀鸡供馔。孔力止之，继以誓，遂止。是夕宿其家，正捣米，悬石杵于杇梁之上。孔卧其下。更余，已眠。忽有鸡来啄其头，驱去复来，如是者三。孔不胜其扰，遂起觅火逐之。甫离席，而杵坠，正在其首卧处。孔遂悟鸡报恩也。每举以告人，劝勿杀生。

四、得子：杭州杨墅庙，甚有灵感。绍兴人倪玉树，赴庙求子。愿得子日，杀猪羊鸡鹅等谢神。夜梦神告曰，汝欲生子，乃立杀愿何耶？倪叩首乞示。神曰："尔欲有子，物亦欲有子也。物之多子者莫如鱼虾螺等，尔盍放之！"倪自是见鱼虾螺等，即买而投之江。后果连产五子。

五、生西：湖南张居士，旧业屠，每早宰猪，听邻寺晓钟声为准。一日忽无声。张问之。僧云：夜梦十一人乞命，谓不鸣钟可免也。张念所欲宰之猪，适有十一子。遂乃感悟。弃屠业，皈依佛法。勤修十余年，已得神通，知去来事。预告命终之日，端坐而逝。经谓上品往生，须慈心不杀，张居士因戒杀而得往生西方，决无疑矣。

以上所言，且据放生之人今生所得之果报。若据究竟而言，当来决定成佛。因佛心者，大慈悲是，今能放生，即具慈悲之心，能植成佛之因也。

放生之功德如此。则杀生所应得之恶报，可想而知，无须再举。因杀生之人，现生即短命、多病、多难、无子及不得生西也。命终之后，先堕地狱、饿鬼、畜生，经无量劫，备受众苦。地狱、饿鬼之苦，人皆知之。至生于畜生中，即常常有怨仇返报之事。昔日杀牛羊猪鸡鸭鱼虾等之人，即自变为牛羊猪鸡鸭鱼虾等。昔日被杀之牛羊猪鸡鸭鱼虾等，或变为人，而返杀害之。此是因果报应之理，决定无疑，而不能幸免者也。

既经无量劫，生三恶道，受报渐毕。再生人中，依旧短命、多病、多难、无子及不得生西也。以后须再经过多劫，渐种善根，能行放生戒杀诸善事，又能勇猛精勤忏悔往业，乃能渐离一切苦难也。

抑余又有为诸君言者。上所述杀牛羊猪鸡鸭鱼虾，乃举其大者而言。下至极微细之苍蝇蚊虫臭虫跳蚤蜈蚣壁虎蚁子等，亦决不可害损。倘故意杀一蚊虫，亦决定获得如上所述之种种苦报。断不可以其物微细而轻忽之也。

今日与诸君相见，余已述放生与杀生之果报如此苦乐不同。唯愿诸君自今以后，力行放生之事，痛改杀生之事。余尝闻人云：泉州近来放生之法会甚多，但杀生之家犹复不少。或有一人茹素，而家中男女等仍买鸡鸭鱼虾等之活物任意杀害也。愿诸君于此事多多注意。自己既不杀生，亦应劝一切人皆不杀生。况家中男女等，皆自己所亲爱之人，岂忍见其故造杀业，行将备受大苦，而不加以劝告阻止耶？诸君勉旃，愿悉听受余之忠言也。

附　录

弘一大师传略

师讳演音，字弘一，号晚晴老人（别署甚多），浙江平湖李氏子。初名广侯，一名息，字叔同。清光绪庚辰（公元一八八六年）九月二十日生于天津。父筱楼公，以进士官吏部，晚耽禅悦，乡党称善人。师幼而颖异，娴大悲、往生陀罗尼。七岁，读文选，琅琅成诵。蚤失怙，长奉母居上海。痛清政不纲，外侮日亟，主变革，组"强学会"。旋丧母，东渡日本，进上野美术专校。潜心文艺，擅诗词、书画、金石、音乐，旁涉戏剧，悉臻神妙，名震一时。返国后，入"南社"，主太平洋报副刊笔政，执教津、宁、沪、杭间，桃李遍大江南北。丙辰（公元一九一六年）秋诣杭州虎跑，断食习静，有省，自是皈佛。戊午（公元一九一八年）七月十三日，礼了悟和尚，出家虎跑。九月，受具戒于灵隐。时春秋三十有九也。

披剃后，刊落声华，尽屏所习。以戒为道本，发心扶律。遍搜中外律藏，校勘南山三大部，重兴律学，续数百年之坠绪。时有毁寺议，师挺身而起，潜移默化，弭于无形。

"南山律学院"于浙之慈溪，规模已具，事阻未果。识者引憾，而师泰然。行脚海内，随缘而止，五十以后，息影南闽。倡办"养正院"于南普陀，厘定佛学课程，培育学僧，造就甚众。抗战军兴，厦门临海防前线，师誓与寺院共存亡，颜其居曰"殉教堂"，书"念佛不忘救国，救国必须念佛"以互勖。平生私淑灵峰，奉"宗论"为圭臬。当代善知识最服膺者，唯灵岩印光老法师，既负盛望，犹恭燃臂香，三度陈书，愿与弟子之列。其谦恭如此。世称师律绍南山，教宗贤首，行在弥陀。笃论也。暮年色力渐衰，知将迁化，尽力弘法，不辞劳瘁。壬午（公元一九四二年）仲秋，示微疾，九月初四日圆寂于温陵养老院。世寿六十有三，梵行二十四载。荼毗获坚固子甚多，弟子奉灵骨分塔于泉州之小山书院、清源山麓暨杭州虎跑定慧寺，以垂纪念。

师才华盖代，飘然脱白，粗衣淡饭，甘之若素，破衲敝席，用诸数十年。一生不收徒，不主寺刹，而海内缁素咸沾其泽。遂于经论，从不谈玄说妙，唯以念佛，持戒，诵《普贤行愿品》示人。歉然若不足者。接人无多言语，平实明简，而闻者动容，没齿不忘。平生无疾言厉色，慈悲仁蔼，而见者肃然。责己綦严，以躬作则，声教远被，所至易风。

其书胎息周秦汉魏，寝馈六朝，临摹碑帖，几可乱真。剃染以后，于文艺不复措意，尝言士先器识而后文艺。晚作敛神藏锋，恬淡冲逸，风格别具，自成一家。零缣片纸，得者视如瑰宝。晚勤临池。广结法缘，盖以书法作佛事也。遗墨已印行者，有写经、联语及李息翁临古法书等，无虑数十种。辑著有《四分律比丘戒相表记》《南山律在家备览》《弘一大师律学》著述三十三种（以上三书，已收入普慧大藏经），《晚晴集》《寒笳集》《佛学丛刊》《地藏菩萨圣德大观》《华严集联》《清凉歌集》《晚晴山房书简》《晚晴老人讲演录》等行世；其拟编之南山律苑丛书若干种，多未及成书，余著尚多，不备载。

弘一大师年谱

光绪六年·庚辰·大师生（一八八〇年）

是年九月二十日，大师生于天津河东地藏前。父筱楼先生年已六十有八，母王太夫人年廿余，属簉室。时师有长兄，长师近五十岁，已早殁折，次兄文熙，长师十二岁。师将生时，有鹊衔木降其室，父母以为异征。①

①姜丹书《弘一律师小传》：

"上人生时，有异征，雀衔松枝降其室。上人自言，至年长时此松枝犹保存云。"又吕伯攸"记李叔同先生"："还有一根细长的松树枝，先生也像宝贝似的珍重藏着，轻易不肯示人；据他说，这便是他当年呱呱坠地的时候，由一只喜鹊衔着飞进来，落在产妇的床前的。这喜鹊衔枝的故事，在一般人看来，当然是很有些因果的，可是，先生也不过当做一件纪念品罢了。"

光绪十年·甲申·五岁

从母诵名诗格言。据李芳远《弘一大师年谱原稿》是年八月五日，父筱楼先生卒，时年七十二。大师时方五岁。父故后，家情渐异。

光绪十一年·乙酉·六岁
光绪十二年·丙戌·七岁

六七岁时，从兄受教，日课百孝图，返性篇，格言联璧等。又攻文选，琅琅成诵，人多异之。

光绪十三年·丁亥·八岁
光绪十四年·戊子·九岁

时有王孝廉至普陀出家归津，师之大侄妇从之学诵"大悲咒""往生咒"，师时从旁听，旋亦能成诵。又从乳母刘氏习诵《名贤集》，颇解其义。并从常云庄某先生受业，读《孝经》及《毛诗》。

光绪十五年·己丑·十岁

始读《四子书》《古文观止》。据李芳远《弘一大师

年谱原稿》

仍读《四子书》及《古文观止》诸书。据李芳远
《弘一大师年谱原稿》。

光绪十六年·庚寅·十一岁
光绪十七年·辛卯·十二岁
光绪十八年·壬辰·十三岁

此两年间，略习训诂、尔雅、诗颂之类。喜习说文
解字，开始临摹篆帖。据李芳远《弘一大师年谱原稿》。

光绪十九年·癸巳·十四岁

力摹篆字，尤喜"宣王猎碣"。据李芳远《弘一大师
年谱原稿》。

光绪二十年·甲午·十五岁

是时师渐成年，于其兄之所为颇不谓然，遂愤世嫉
俗，养成反抗思想。①喜畜猫，至东京留学时仍未改其个
性。致力篆书如故。②读《史汉精华》并《左传》。

①胡宅梵《一师童年行述》：

"至十余岁，尝见乃兄待人接物，其礼貌辄随人之贵
贱而异，心殊不平，遂反其兄之道而行之，遇贫贱者敬

之，富贵者轻之。性更喜畜猫，而不平之心，时亦更趋偏激，往往敬猫如敬人，见人或反不致敬，人有目师为疯颠者，师亦不为意。童年有此反抗革命之思想，亦可谓奇矣。……师闲居，必习练小楷，常摹刘世安所临文征明《心经》甚久，兼事吟咏。如'人生犹似西山日，富贵终如草上霜'等句，皆为其幼年之作。"

②《致晦庐书》：

"朽人剃染已来二十余年，于文艺不复措意。世典亦云：'士先器识而后文艺。'况乎出家离俗之侣？朽人昔尝诫人云：'应使文艺以人传，不可人以文艺传。'即此义也。承刊三印，古穆可喜，至用感谢。篆额二纸，率尔写奉。十四五岁时常学篆书，弱冠以后，兹事遂废。今老矣，随意信手挥写，不复有相可得，宁计其工拙耶？"

光绪二十二年·丙申·十七岁

是年从天津名士赵幼梅学词，又从唐敬严学篆及刻石，所学皆骎骎日进。间并习八股，文理清秀，人咸奇之。

光绪二十三年·丁酉·十八岁

是年大师在俗与俞氏结婚。

光绪二十四年·戊戌·十九岁

大师志学之年，即知爱国，谓老大中华，非变法无以图存。戊戌政变失败，师知北方事无可为，遂携眷奉母南下。至上海，加入城南文社，所为诗赋冠一时。当时曾自刻一印云："南海康君是吾师。"其富新思想如此。后遂有传其为康梁同党者。

光绪二十五年·己亥·二十岁

是年奉母移居城南草堂。时大师已文采斐然，于诗文词赋外，尤好书画。与袁希濂、蔡小香、张小楼、许幻园结金兰之谊。是时师慨国事蜩螗，偶游北里，以诗赠名妓雁影女史朱慧百。朱画荚为赠，并和其原作。

光绪二十六年·庚子·二十一岁（一九〇〇年）

是年正月，作《二十自述诗》，自为叙。[1]又自叙《李庐印谱》。三月，与上海书画名家组织"上海书画公会"，于福州路杨柳楼台旧址。冬，出版《李庐诗钟》，又自为叙。是年长子准生。自作《老少年曲》一阕[2]。

[1]《二十自述诗》叙：

"堕地苦晚，又撄尘劳。木替花荣，驹隙一瞬。俯仰之间，岁已弱冠。回思曩事，恍如昨晨。欣戚无端，抑郁谁语？爰托毫素，取志遗踪。旅邸寒灯，光仅如豆，成之一夕，不事雕劚。言属心声，迺多哀怨。江关庾信，花鸟杜陵，为溯前贤，益增惭恧！凡属知我，庶几谅予。庚子正月。"

②《老少年曲》：

梧桐树，西风黄叶飘，夕日疏林杪，花事匆匆，零落凭谁吊。朱颜镜里凋，白发愁边绕。一霎光阴底是催人老，有千金也难买韶华好。下略——

光绪二十七年·辛丑·二十二岁

是年师入南洋公学肄业，为特班生，从蔡孑民先生受业。与谢沉（无量）、邵闻泰（力子）、项骧等为蔡元培得意门生。时与上海名妓李苹香过从颇密，苹香有诗书荑请正。是年寒食，书扇赠华伯铨。录其近作，五律一章，是扇今藏李晋章处。是年将北行填《南浦月》留别上海同人。①

①南浦月　将北行矣留别上海同人

杨柳无情，丝丝化作愁千缕。惺忪如许，萦起心头绪。

谁道销魂，尽是无凭据。离亭外，一帆风雨，只有人归去。

光绪二十八年·壬寅·二十三岁

是年各省补行庚子科乡试，师亦赴浙江应试，报罢后，仍回南洋公学，于课余之暇，并担任某报笔政。是年师与王海帆先生同往应试，后十余年师曾书扇赠王海帆，并自注记其因缘。①是年七月七夕过名妓谢秋云妆阁，有感赋诗以谢。②是年游小兰亭，作诗一绝。③

①孤山归寓成小诗书扇贻王海帆先生：

文字联交谊，

相逢有宿缘。（前年五月，南社同人雅集湖上始识先生）

社盟称后学，（先生长余三十二岁）

科第亦同年。（岁壬寅，余与先生同应浙江乡试，先生及第）

抚碣伤禾黍，（今岁余侍先生游孤山，先生抚古墓碑，视皇清二字未磨灭，感喟久之。）

怡情醉管弦。（孤山归来，顾曲于湖上歌台。）

西湖风月好，

不慕赤松仙。（近来余视见世为乐土，先生亦赞此说。）

②李叔同未出家时所写诗词手卷之三：

七月七夕在谢秋云妆阁，有感诗以谢之：

风风雨雨忆前尘，悔煞欢场色相因。

十日黄花愁见影，一弯眉月懒窥人。

冰蚕丝尽心先死，故国天寒梦不春。

眼界大千皆泪海，为谁惆怅为谁颦。

③重游小兰亭，风景依稀，心绪殊恶，口占二十八字题壁，时九月望前一日也。

一夜西风蓦地寒，吹将黄叶上栏干。

春来秋去忙如许，未到晨钟梦已阑。

光绪三十年·甲辰·二十五岁

庚子辛丑以后，国事日非，大师一腔热血，无处发泄，乃寄托于风情潇洒间，以诗酒声色自娱。曾填《金缕曲》赠歌郎金娃娃。①二月于歌筵赋一律以寄慨。②又作二绝句赠语心楼主人。③是年，次子端生。以诗书箧寄侄麟玺。④是年作滑稽传词四绝。⑤

①姜丹书《弘一律师小传》：

其《赠歌郎金娃娃》金缕曲云：

"秋老江南矣！忒匆匆，春余梦影，樽前眉底。陶写中年丝竹耳，走马胭脂队里。怎到眼都成余子？片玉昆山神朗朗，紫樱桃，慢把红情系。愁万斛，来收起。泥他粉墨登场地，领略那英雄气宇，秋娘情味。雏凤声清清几许，销尽填胸荡气，笑我亦布衣而已。奔走天涯无一事，问何如声色将情寄？休怒骂，且游戏。"

　　②二月望日歌筵赋此叠韵：

　　莽莽风尘窀地遮，乱头粗服走天涯。

　　樽前丝竹销魂曲，眼底欢嬉薄命花。

　　浊世半生人渐老，中原一发日西斜。

　　祇今多少兴亡感，不独隋堤有暮鸦！

　　③赠语心楼主人：

　　天末斜阳淡不红，虾蟆陵下几秋风？

　　将军已死圆圆老，都在书生倦眼中。

　　道左朱门谁痛哭，庭前柯木已成围。

　　祇今蕉萃江南日，不似当年金缕衣。

　　④李芳远"弘一大师年谱原稿"二十五岁条：
"为其侄麟玺书箑诗"云：

　　文采风流四座倾，眼中竖子遂成名！

　　某山某水留奇迹，一草一花是爱根。

　　休矣著书侔赤鸟，悄然挥扇避青蝇。

　　众生何用盱宵哭，隐隐朝廷有笑声。

　　⑤"滑稽传题词"四绝：

　　斗酒亦醉石亦醉，到心唯作平等观。

　　此中消息有盈胸，春梦一觉秋风寒。淳于髡

　　中原一士多奇姿，纵横宇合卑莎维。

　　人言毕肖在须眉，茫茫心事畴谁知？优孟

婴武伺人工趣语，杜鹃望帝凄春心。

太平歌舞且抛却，来向神州怆陆沈。优游

南山豆苗肥复肥，北山猿鹤飞复飞。

我欲蹈海乘风归，琼楼高处斜阳微。东方朔

光绪三十一年·乙巳·二十六岁

是年在沪填菩萨蛮二阕《忆杨翠喜》。①又为老妓高翠娥作一绝。②四月，母氏王太夫人逝世，大师以幸福时期已过，即东渡日本留学，入上野美术专门学校。临行填金缕曲一阕留别祖国。革命画师高剑父为师是时同学。③

①忆杨翠喜——菩萨蛮：

燕支山上花如雪，燕支山下人如月，额发翠云铺，眉弯淡欲无。

夕阳微雨后，叶底秋痕瘦。生小怕言愁，言愁不耐羞。

晓风无力垂杨懒，情长忘却游丝短。酒醒月痕低，江南杜宇啼。

痴魂销一捻，愿化穿花蝶。帘外隔花阴，朝朝香梦沉。

②为老妓高翠娥作：

残山胜水可怜宵，慢把琴樽慰寂寥。

顿老琵琶妾娘曲，红楼暮雨梦南朝。

③姜丹书《弘一律师小传》：

"居无何，母故，上人脱无挂碍，乃得独行其志，东渡留学。曾填金缕曲一阕留别祖国，并呈同学诸子，此光绪三十一年事也。其词曰：

'披发佯狂走。莽中原，暮鸦啼彻，几枝衰柳。破碎河山谁收拾，零落西风依旧，便惹得离人消瘦。行矣临流重太息，说相思，刻骨双红豆。愁黯黯，浓于酒。漾情不断淞波溜。恨年来絮飘萍泊，遮难回首。二十文章惊海内，毕竟空谈何有？听匣底苍龙狂吼。长夜凄风眠不得，度群生那惜心肝剖？是祖国，忍孤负。'"

光绪三十二年·丙午·二十七岁

大师至东京后，除在上野美术学校专攻绘画外，又在音乐学校学洋琴，并从黑田清辉，音上郎二氏游。间访戏剧家藤泽浅二郎，得其指导，遂与曾延年等组织春柳剧社。初演《黑奴吁天录》，师扮爱美柳夫人，颇着声誉。旋再上演《茶花女遗事》于孟玛德小剧场，尤为成功。欧阳予倩《记春柳社的开场》，于其留学生活，略有记述，颇可想见大师当时趣味之一斑。又独力主编音乐小杂志，所作音乐小杂志叙，清词丽语，今犹流传。其演剧之天才，深为日本人士所叹赏。春柳剧社之成立，实开我国新剧之先河。是年自日返津，曾填《喝火令》寄怀故国。①又填《高阳台　忆金娃娃》。②此外并留下醉时，春风，昨夜诗三首。③

①喝火令：

故国鸣鸠鸠，垂杨有暮鸦，江山如画日西斜，新月撩人透入碧窗纱。

陌上青青草，楼头艳艳花，洛阳儿女学琵琶。

不管冬青一树属谁家，不管冬青树底影事一些些。

喝火令哀国民之心死也。今年在津门作，李息。

②高阳台　忆金娃娃：（南社丛选词录）

十日沉愁，一声杜宇，相思啼上花梢。春隔天涯，剧怜别梦迢遥。前溪芳草经年绿，只风情，孤负良宵。最难抛，月上歌帘，声咽秦箫。而今未改双眉妩，说（手写诗词手卷作只字）江南春老，红了樱桃。忒煞迷离，匆匆已过花朝。游丝苦揾行人驻。奈东风冷到溪桥。镇无聊，记取离愁，吹彻琼箫。

③醉时

醉时歌哭醒时迷，甚矣吾衰慨风兮。

帝子祠前芳草绿，天津桥上杜鹃啼。

空梁落月窥华发，无主行人唱大隄。

梦里家山渺何处，沉沉风雨暮天西。

春风

春风几日落红堆，明镜明朝白发摧。

一颗头颅一杯酒，南山猿鹤北山莱。

秋娘颜色娇欲语，小雅文章凄以哀。

昨夜梦游王母国，夕阳如血染楼台。

昨夜

昨夜星辰人倚楼，中原咫尺山河浮。

沉沉万缘寂不语，梨华一枝红小秋。

光绪三十三年·丁未·二十八岁

是年仍居东京。感怀家国，作《初梦》《帘衣》诗以寄故国。初梦二首，最能表现其当时之心境，作风似受谭嗣同、康南海之影响。

初梦

鸡犬无声天地死，风景不殊山河非。

妙莲华开大尺五，弥勒松高腰十围。

恩仇恩仇若相忘，翠羽明珠绣裲裆。

隔断红尘三万里，先生自号水仙王。

帘衣

帘衣一桁晚风轻，艳艳银灯到眼明。

薄幸吴儿心木石，红衫娘子唤花名。

秋于凉雨燕支瘦，春入离弦断续声。

后日相思渺何许，芙蓉开老石家城。

光绪三十四年·戊申·二十九岁
宣统元年·己酉·三十岁

仍在东京上野美术学校留学。

宣统二年·庚戌·三十一岁（一九一〇年）

是年学成返国，任"天津工业专门学校"教员。大暑，写范伯子诗赠杨白民。[1]

[1]书范伯子诗赠杨白民：

"独念海之大，愿随天与行。

宣统二年大暑写范伯子诗上白民先生哀公阳文印'漱筒长寿'，阴文印'臣本布衣'。"

宣统三年·辛亥·三十二岁

是年执教直隶模范工业学堂。家资数十万为票号所倒，几濒破产。书联赠杨白民。[1]

[1]书联赠杨白民：

"白云停阴冈，丹葩曜阳林。宣统三年（'成蹊'印）白民先生正哀公'李哀'印。"

民国元年·壬子·三十三岁

是年春，自津至沪，任教城东女学。三月十三日，南社社友在沪愚园集会，师始参与，并为南社通讯录设计图案并题签。是时陈英士先生创办太平洋报社于上海，师被聘为该报文艺编辑，并主编太平洋报副刊之画报。曼殊著名小说断鸿零雁记，即师任编辑时刊登于太平洋画报者。曾以隶书笔意写英文莎士比亚墓志，与曼殊为叶楚伧所作《汾隄吊梦图》同时印入太平洋画报，称双绝。同时又与柳亚子等创办"文美会"，主编文美杂志，六月，以各体字戏写陶诗一首赠义兄许幻园。[1]秋间，太平洋报社以负债停闭。师遂赴杭，任教于浙江两级师范学校。与姜丹书、夏丏尊夜游西湖，作西湖夜游记。[2]是年民国肇造，师填《满江红》一阕志感。[3]

[1]戏写各体字赠义兄许幻园：

"万族各有托，孤云独无依。暧暧虚中灭，何时见余晖。朝霞开宿雾，众鸟相与飞。迟迟出林翮，未夕复来归。量力守故辙，岂不寒与饥。知音苟不存，已矣何所悲！

壬子六月戏写各体字奉

幻园谱兄一笑 息"。

[2]"西湖夜游记"：

"壬子七月，余重来杭州，客师范学舍。残暑未歇，庭树肇秋，高楼当风，竟夕寂坐。越六日，偕姜夏二先生游西湖，于时晚晖落红，暮山披紫，游众星散，流萤出林。湖岸风来，轻裾致爽。乃入湖上某亭，命治茗具。又有菱芰，陈粲盈几。短童侍坐，狂言披襟，申眉高谈，乐说旧事，庄谐杂作，继以长啸，林鸟惊飞，残灯不华，起视明湖，莹然一碧；远峰苍苍，若现若隐，颇涉遐想。因忆旧游，曩岁来杭，故旧交集，文子耀斋，田子毅侯，时相过从，辄饮湖上。岁月如流，倏逾九稔。生者流离，逝者不作，坠欢莫拾，酒痕在衣。刘孝标云：'魂魄一去，将同秋草'。吾生渺茫，可唏然感矣。漏下三箭，秉烛言归。星辰在天，万籁俱寂，野火暗暗，疑似青燐，垂杨沉沉，有如酣睡。归来篝灯，斗室无寐，秋声如雨，我劳如何？目瞑意倦，濡笔记之"。

③"满江红"

皎皎昆仑山顶月，有人长啸。看囊底，宝刀如雪，恩仇多少。双手裂开鼷鼠胆，寸金铸出民权脑。算此生，不负是男儿，头颅好。荆轲墓，咸阳道；聂政死，尸骸暴。尽大江东去，余情还绕。魂魄化成精卫鸟，血花溅作红心草。看从今，一担好山河，英雄造。

民国二年·癸丑·三十四岁

是年"浙江两级师范学校"改组为"浙江省立第一师范学校"。师仍任教其间。同事有姜丹书、夏丏尊、钱均夫、马叙伦等。高足有丰子恺、刘质平、李鸿梁、黄寄慈、金咨甫、吴梦非、李增庸、吕伯攸、傅彬然等。春间游湖后治印七方,并作书寄广州陆丹林。是年五月十四日,友人夏丏尊二十八年诞辰,师摹汉长寿钩钩铭,并加题记以祝。

案:曹聚仁于1969年由香港致函《弘一大师传》作者陈慧剑先生,不承认渠为弘公入室弟子,故自原著中删去其名。

民国三年·甲寅·三十五岁

是年仍在杭任教;为夏丏尊题小梅花屋图。

民国四年·乙卯·三十六岁

是年仍任教浙江一师。并应江谦之聘,兼任南京高等师范功课,五月,在西湖参加南社临时雅集,与柳亚子、林秋叶等凭吊冯小青墓,为书同游诸子题名勒石于其墓侧。本年所作诗词颇多。[①]

①是年大师在杭所作诗词颇多，兹录于下：

早秋

十里明湖一叶舟，城南烟月水西楼。

几许秋容娇欲流，隔着垂杨柳。

远山明净眉尖瘦，闲云飘忽罗纹绉，

天末凉风送早秋，秋花点点头。

春游曲

春风吹面薄于纱，春人妆束淡于画。

游春人在画中行，万花飞舞春人下。

梨花淡白菜花黄，柳花委地芥花香，

莺啼陌上人归去，花外疏钟送夕阳。

（按此曲曾由师手写成歌谱，曰三部合唱，下署：息霜作歌，息霜作曲。或作于民国三年。）

悲秋

西风乍起黄叶飘，日夕疏林杪。

花事匆匆，梦影迢迢，零落凭谁吊。

镜里朱颜，愁边白发，光阴暗催人老。

纵有千金，纵有千金，千金难买年少。

送别

长亭外，古道边，芳草碧连天。

晚风拂柳笛声残，夕阳山外山。

天之涯，地之角，知交半零落；

一瓢浊酒尽余欢，今宵别梦寒。

长亭外，古道边，芳草碧连天。

晚风拂柳笛声残，夕阳山外山。

忆儿时

春去秋来，岁月如流，游子伤漂泊。

回忆儿时，家居嬉戏，光景宛如昨。

茅屋三椽，老梅一树，树底迷藏捉。

高枝啼鸟，小川游鱼，曾把闲情托。

儿时欢乐，斯乐不可作。

儿时欢乐，斯乐不可作。

民国五年·丙辰·三十七岁

是年师在一师除授音乐外，兼教图画；并仍兼授南京高等师范功课间。秋将入山坐禅，为陈师曾题荷花小幅。①偶读日文杂志，谓断食为身心更新之修养方法，遂入虎跑大慈山试验断食，兼旬而返。手书"灵化"二字，加跋赠朱稣典。在断食期间，仍以写字为常课，所写有魏碑、篆文、隶书，笔力毫未减弱。并著有断食日记。是年日者谓师有大厄，因刻一印章，曰："丙辰息翁归寂之年。"断食期间及前后所临各种碑字，皆注明月日所

书，并作题记，今存夏丏尊处。是年大师欲御古琴。友
人马一浮请其过访试之。

①题陈师曾画荷花小幅：

一花一叶，孤芳致絜。昏波不染，成就慧业。

民国六年·丁巳·三十八岁

是年新岁，师以居士身居虎跑寺习静。马一浮介其
友人彭逊之往居虎跑，就法轮长老修习禅观。正月初八
日，彭君即于虎跑出家，师目击当时情形，颇为感动，
即皈依虎跑退居老和尚了悟为在家弟子，取名演音，号
弘一。春假满后，仍在一师授课，但已茹素看经，并供
佛像。时易名李婴。是年师与马一浮居士过从甚密，于
佛教教义颇受马氏之启导。

民国七年·戊午·三十九岁

是年夏历七月十三日，披剃于杭州虎跑寺。即依皈
依师了悟上人为剃度师，法名演音号弘一。行前以平生
艺术作品书物等分赠诸友。剃度之翌日，夏丏尊访于虎
跑，师写楞严一节赠之，以为纪念。九月至灵隐寺受戒，
马一浮贻以《灵峰毗尼事义集要》，并《宝华传戒正
范》，披览后因发心学戒。是月夏丏尊丧父，师具戒后以

缘者所施之笔墨与纸为书《地藏本愿经》一节，以为回向。受戒后至嘉兴精严寺佛学会阅藏，首以笔墨接人。十一月应马一浮之招至杭州海潮寺打七。遂至玉泉寺度岁。岁暮，旧友杨白民访师于玉泉寺，师写训言二则贻之，并加题记。其出家前心境之转变，可于其所作歌曲中：落花，月，与晚钟见之。①

①曹聚仁《李叔同》：

在我们熟习的歌曲中，落花、月、晚钟三歌正代表他心灵的三个境界。落花代表第一境界：

纷，纷，纷，纷，纷，纷，……

惟落花委地无言兮，化作泥尘；

寂，寂，寂，寂，寂，寂，……

何春光长逝不归兮，永绝消息。

忆春风之日暖，芳菲菲以争妍；

既乘荣以发秀，倏节易而时迁，春残。

览落红之辞枝兮，伤花事其阑珊；

已矣！春秋其代序以递嬗兮，俛念迟暮，

荣枯不须臾，盛衰有常数！

人生之浮华若朝露兮，泉壤兴哀；

朱华易消歇，青春不再来。

"这是他中年后对于生命无常的感触，那时期他是非常苦闷的，艺术虽是心灵寄托的深谷，而他还觉得没有着落似的。不久，他静悟到另一境界，那便是月所代表的境界：

仰碧空明明，朗月悬大清；

瞰下界扰扰，尘欲迷中道！

唯愿灵光普万方，荡涤垢滓扬芬芳，

虚渺无极，圣洁神秘，灵光若仰望！

唯愿灵光普万方，荡涤垢滓扬芬芳！

虚渺无极，圣洁神秘，灵光常仰望！

"他既作此超现实的想望，把心灵寄托于彼岸，顺理成章，必然地走到晚钟的境界：

大地沉沉落日眠，平墟漠漠晚烟残；

幽鸟不鸣暮色起，万籁俱寂丛林寒。

浩荡飘风起天杪，摇曳钟声出尘表；

绵绵灵响彻心弦，畇畇幽思凝冥杳。

众生病苦谁持扶？尘网颠倒泥涂污。

唯神愍恤敷大德，拯吾罪恶成正觉：

誓心稽首永皈依，暝暝入定陈虔祈。

倏忽光明烛太虚，云端仿佛天门破；

庄严七宝迷氤氲，璃华翠羽垂缤纷。

浩灵光兮朝圣真，拜手承神恩！

仰天衢兮瞻慈云，忽现忽若隐。

钟声沉暮天，神恩永存在，

神之恩，大无外！"

民国八年·己未·四十岁

是年春，居杭州玉泉寺，旧友袁希濂往访，师但劝其念佛，并阅《安士全书》。范古农亦率杭州佛学会会友访于玉泉，请师开示念佛，师以撷《普贤行愿品疏钞》相托。初夏自玉泉致书杨白民转托萧蜕公研究止咳丸制法，以施十方。夏居虎跑结夏，夏丏尊往访，手写楞严数则贻之。秋至灵隐挂搭，胡朴安访之，赋诗为赠。①冬，与程中和居士于玉泉共燃臂香，依天亲发《菩提心论》，发十大正愿。为龙丁题唐人写经残本跋，贻曼达禅师。

①胡朴安《我与弘一大师》：

民国元年与大师同事于太平洋报。……朝夕同居，常觉其言论有飘飘出尘之致。后在杭州出家，剃发于虎跑，受戒于灵隐，寄寓于玉泉。朴安每到杭，必谒大师，大师非佛书不书，非佛语不语，朴安谒大师于灵隐寺，赠诗云：

我从湖上来，入山意更适，日澹云峰白，霜青枫林赤；

殿角出树杪，钟声云外寂，清溪穿小桥，枯藤走绝壁，

奇峰天飞来，幽洞窿百尺，中有不死僧，端坐破愁寂；

层楼耸青冥，列窗挹朝夕，古佛金为身，老树柯成石；

云气藏栋梁，风声动松柏，弘一精佛理，禅房欣良觌；

岂知菩提身，本是文章伯，静中忽然悟，逃世入幽僻；

为我说禅宗，天花落几席。坐久松风寒，楼外山沉碧。

"大师书'慈悲喜舍'一横幅答之。语朴安曰：学佛不仅精佛理而已。又我非禅宗，并未为君说禅宗，君诗不应诳语。朴安囿于文人之习惯，不知犯佛教诳语之戒，于是深敬大师持律之精严也。"

民国九年·庚申·四十一岁

是年春，仍居玉泉寺。四月，手书《无常经》为其亡母五十九周冥诞回向。六月，将之新城贝山掩关，敬书佛号六字，并摘录蕅益大师名言，及书三皈依，五学处等，以付石印，广结善缘。①临行书"珍重"二字，加跋赠夏丏尊。到新城贝山，即专研《南山戒疏》。是时程中和居士即出家名弘伞，约伴往护关。六月廿五日，致书夏丏尊，告将掩关，嘱各努力。七月二日，于贝山撰佛说《无常经》叙，广稽教典，寄沪劝丁福保付印流通。

是月为弘伞法师亡母写佛说《梵网经菩萨心地品菩萨戒》一卷。是月十三日，为师剃染二年纪念，书佛说《大乘戒经》，以为法界众生回向。又于廿九日地藏菩萨圣诞，书《十善业道经》，回向法界众生。八月游衢州，小住莲花寺。撰汪居士传。手书《阿含经》多册，并自装辑题记。冬，为《印光法师文钞》题词并叙。是年因写经过多，色力日衰。印光法师致书劝其息心专一念佛，以期自他同得实益。

①书《南无阿弥陀佛洪名题记》：

"明藕益大师云：念佛工夫，祇贵真实信心。第一要信，我是未成之佛，弥陀是已成之佛，其体无二。次信娑婆的是苦，安养的可归，炽然欣厌。次信现前一举一动，皆可回向西方，若不回向，虽上品善，亦不往生。若知回向，虽误作恶行，速断相续心，起殷重忏悔，忏悔之力，亦能往生，况持戒修福种种胜业，岂不足以庄严净土？

庚申六月，将之新城贝山掩关念佛，书此以志记念。大慈定慧弘一沙门演音。"

民国十年·辛酉·四十二岁

是年正月，自新城贝山返杭州，披寻《四分律》，始览此土诸师之作。至杭，小住闸口凤生寺，弟子丰子恺时将赴日留学，闻师至杭，特往话别。三月，自钱塘之永嘉，由玉泉居士之绍介，居城下寮——即庆福寺。与寺中同人为约三章，谢绝诸务。四月至沪，居城东女学，为女弟子朱贤英开示念佛法门。旋返温州，为亡母王太淑人六十年诞写经三种，以资回向。六月，著成《四分律比丘戒相表记》草本。致书西湖玉泉寺印心宝善二长老问讯。八月，写经二种为亡父三十七周讳日纪念。九月，写增壹阿含四经于城下寮。腊月，在城下寮度岁，又写经二种。是冬，闻故友夏丏尊发心念佛，自永嘉书藕益大师等法语寄赠勖之。

民国十一年·壬戌·四十三岁

是年岁朝，书法常首座辞世词赠白民居士，[①]仍居永嘉城下寮。以依律须奉寺主为依止师，遂尊寂山长老为依止阿阇黎。寂公逊谢，师仍恳请，遂终身以师礼事寂公。正月，得其俗兄自天津来函，谓其在家之妻室已谢世，属师返津一行；师曾上书寂山长老，乞代请吴璧华居士授其神咒。二月，为在俗女弟子朱贤英女士题遗画集。刻印五方，赠夏丏尊并加题跋。又依灵峰《宗论》撷写警训一卷，颜曰《寒笳集》。秋初，温州飓风过境，拔木发屋，师仍居庆福寺。旋患痢疾，疑或不起，嘱命终将其缠裹送投江心，结水族缘，幸即霍然。其解脱有如此。是年春夏秋三季，师在温州各写古德诗文一纸，寄赠上海夏丏尊，并自题跋。又为庖人陈阿林撰《往生传》。

①手书法常首座辞世偈赠杨白民：

"此事楞严尝露布，梅花雪月交光处，一笑寥寥空万古。凤瓯语，迥然银汉横天宇。蝶梦南华方栩栩，斑斑谁夸丰干虎，而今忘却来时路。江山暮，天涯目送飞鸿去。

法常首座辞世词壬戌岁朝写贻白民居士弘一、音。"

民国十二年·癸亥·四十四岁

是年春，师自温州至白马湖，过绍兴，卓锡草子田头草庵，旋过杭至上海，与尤惜阴居士合撰《印造经像之功德》一文，由师示纲，尤惜阴演绎，举十大利益普劝群生。（见印光法师文钞卷四附录）并劝江谦居士阅《灵峰宗论》。六月为杭州西泠印社书阿弥陀经一卷刻石。九月，重至衢州，仍居莲花寺，为绍兴开元寺撰募《建殿堂疏》。腊月，作《大中祥符朗月照禅师塔铭》。是年师与印光法师通信颇多，其原函虽不得见，但自印光法师之复书观之，师此时所致力之工夫，仍以掩关并刺血写经为主；而印光法师则劝其先专志修念佛三昧，然后再事写经。

民国十三年·甲子·四十五岁

是年二月，自永嘉致书王心湛居士，盛赞印光法师，并述再三恳求列为弟子经过。时仍居城下寮关中，以寂山和尚有勿用师弟称呼之谕，乃上书陈情，恳请允列门墙。先是师在关中编《比丘戒相表记》时，有一少年侍者，为师感化，发心出家，寂山长老未予即允。师乃恳求寂公许其出家，是人欲礼一公为师，师逊谢，介礼弘伞法师，遂起名"因、弘、白伞"云。师在城下寮闭关，当地长官慕名求见者颇多，师皆称病谢之。凡家书来，辄托人于信封后批："该本人业已他往"，原封退还。其放下有如此者。夏间，至普陀山。入后寺，参礼印光法师。八月，《四分律比丘戒相表记》写稿完成。穆藕初施资影印千部，分赠诸方丛林。九月，应崔祥鸿请撰《崔母往生传》。手书《佛说八种长养功德经》行世。是年师以东瀛古版行事钞记供施江山。

民国十四年·乙丑·四十六岁

是年师自永嘉过甬，挂搭七塔寺，旧友夏丏尊，延至上虞白马湖，小住春社，旋又他去。

民国十五年·丙寅·四十七岁

是年春，师自温州至杭州，居西湖招贤寺。从事《华严疏钞》之厘会、修补与校点。四月，手书佛号寄赠夏丏尊。五月，手书《普贤行愿品偈》一卷。夏与弘伞法师至江西庐山，参加金光明会道场，发愿手写经文三百叶，分送各施主；道出沪上，与弟子丰子恺同访旧居城南草堂，并参观江湾立达学园。又至闸北世界佛教居士林开示《在家律要》。至庐山，居牯岭五老峰后之青莲寺，写《华严经十回向品初回向章》，寄沪蔡丏因属付印流通，自称为此生最精作品。又手书《地藏经见闻利益品》行世。

民国十六年·丁卯·四十八岁

是年春，闭关杭州吴山常寂光寺。时政局未定，新贵少年，唱灭佛之议，且有驱僧之说。三月，师乃函告友人堵申甫谓："余为护持三宝，定明日出关。"嘱为照所附致之名单，先为约定往寺会谈。其名单中所列者，即为当日主政之最剧烈者若干人。师先备劝戒墨妙若干纸，人赠一纸，来人未足预约之数，而纸数适符，若有前知者。堵君颇以为异，而所分致之字条，是否人尽相同，堵君以未寓目，不敢悬揣；唯见到会诸人，各自默视其所交之字条，静默不言，中有甚至惭汗溢于面部者，师亦终席不发一言。因此，灭佛之议遂寝。三月十七日，致书旧师蔡孑民、旧友经子渊、马夷初、朱少卿（时任浙教育厅长），贡献整顿佛教意见，此书可代表其对于佛教新旧二派之主张。四月，致书弘伞法师论读华严方法。七月，居本来寺，李石曾（煜瀛）往访，为跋手书《梵网经》。秋间，至上海，居江湾丰子恺家，率叶绍钧、李石岑、周予同等参谒印光法师于新闸路太平寺。是年师在俗所作歌曲十余种，由裘梦痕丰子恺编入《中文名歌五十曲》。计有朝阳、忆儿时、月、送别、落花、幽居、天风、早秋、春游、西湖、梦、悲秋、晚钟等。

民国十七年·戊辰·四十九岁

是夏居温州大罗山，诛茆宴坐秋，自温州至上海，与丰子恺、李圆净商《护生画集》编辑工作，住江湾丰子恺家。九月二十日为师寿辰，丰君请说皈依；并书佛眼禅师句赠夏丏尊。间往清凉寺听应慈法师讲《华严经》。旧友袁希濂、杨少楼、许幻园，曾往访晤，摄影而别。闻尤惜阴、谢国梁（案：尤氏后出家，名演本，居南洋槟城。谢氏一作王氏，名仁斋，后从闽南长老转逢和尚出家名寂云，曾为杭州吴山准提阁住持，奥僧照空即其徒云。）两居士将往暹罗，忽动远游之意，即与尤谢两居士同舟南行。冬月至厦门，为道俗所阻，即居南普陀寺。岁暮，尤谢两居士南行，师即至泉州南安小雪峰寺度岁。是冬，刘质平、夏丏尊、经亨颐、丰子恺诸友生，以是时政府有毁寺之议，乃醵资为筑常往之所于上虞白马湖，颜曰"晚晴山房"。

民国十八年·己巳·五十岁

是年正月，自南安小雪峰返厦门南普陀，居闽南佛学院；四月，离厦门赴温州。取道福州，游鼓山，于涌泉寺藏经楼发见清初所刊《华严经》及《华严经疏论纂要》，叹为近代所稀见，因倡缘印布，并以十数部赠予扶桑诸寺。九月二十日，为师五十生辰，自温州至上虞白马湖，小住晚晴山房。书"天意怜幽草，人间爱晚晴"联赠夏丏尊居士，自署"己巳九月昙昉，时年五十"。绍兴徐仲荪为放生于白马湖，师亦轻舟漾波，与物同乐。寻至宁波，欲往长安未果。是时，夏丏尊以所藏大师在俗所临各种碑帖，出版名《李息翁临古法书》，由上海开明书店发行，师自为叙。旋返温州城下寮，撰联赞叹地藏菩萨，并自题记。十月，重至厦门南普陀。为闽南佛学院撰"悲智"训语，并手书以赠；复为太虚法师所撰三宝歌词作曲。①岁暮至南安，与太虚法师同在小雪峰寺度岁。

①赠闽南佛学院同学训语：

"己巳十月，重游思明，书奉闽南佛学院同学诸仁者：

'悲智'

有悲无智，是曰凡夫；悲智具足，乃名菩萨。

我观仁等，悲心深切；当更精进，勤求智慧。

智慧之基，曰戒曰定；如是三学，次第应修。

先持净戒，并习禅定；乃得真实，甚深智慧。

依此智慧，方能利生；犹如莲华，不着于水。

断诸分别，舍诸执着；如实观察，一切诸法。

心意柔软，言音净妙；以无碍眼，等视众生。

具修一切，难行苦行；是为成就，菩萨之诮。

我与仁等，多生同行；今得集会，生大欢喜。

不揆肤受，辄述所见；傥契幽怀，愿垂玄察。

大华严寺沙门慧幢撰"

民国十九年·庚午·五十一岁

是年正月，自小雪峰至晋江承天寺，适性愿法师创办月台佛学研究社，师随喜赞叹，曾为学员演讲写字方法二次，并为承天寺整理所藏古版藏经，及编成目录。

临行书联赠印月长老归虎溪，四月离闽，五月至白马湖，居晚晴山房，圈点《行事钞》。是月十四日为夏丏尊四十五生辰，经亨颐作画以祝，师为题"仁王般若经偈"贻之。^①秋自白马湖至慈北鸣鹤场白湖金仙寺，访亦幻法师，听静权法师讲《地藏经》，及《弥陀要解》。即于经期中，为幻师五人偏房讲自著《五戒相经笺要。》梵诵之余，致力华严之研究，并缀成《华严集联三百》。冬月，离白湖归永嘉城下寮。是年师有书致其俗宗兄李绍莲劝修净土。

①题"经亨颐"赠夏丏尊画记：

"庚午五月十四日，丏尊居士四十五生辰，约石禅及余至小梅花屋共饭蔬食。石禅以酒浇愁，酒既酣，为述昔年三人同居钱塘时良辰美景，赏心乐事，今已不可复得。余乃潸然泪下，写'仁王般若经'苦空二偈贻之：

生老病死，轮转无际，事与愿违，忧悲为害，
欲深祸重，疮疣无外，三界皆苦，国有何赖？
有本自无，因缘成诸，盛者必衰，实者必虚，
众生蠢蠢，都如幻居，声响皆空，国土亦如。
永宁沙门亡言时居上虞白马湖晚晴山房。"

民国二十年·辛未·五十二岁

是年春，在温州患疟甚剧。二月自温过甬，止白衣

寺，夏丏尊与显念居士（钱均夫）往访话旧；旋赴白马湖，居法界寺，于佛前发专学南山律誓愿。四月立遗嘱一，存法界寺。旋离白马湖至白湖金仙寺，撰《灵峰大师年谱》，后因故未写成。又撰《华严经读诵研习入门次第》。①是时手书《华严集联三百》在沪付印，师自为叙，弟子刘质平为之跋。是年六月为师亡父百二十岁冥诞致书其侄嘱写经回向。金仙寺亦幻法师发起创建律学道场于慈溪五磊寺，请师主持弘律，遂于五月移居五磊寺。因与寺主意见未洽，飘然而去。九月，在白湖金仙寺，撰《清凉歌集》，函厦门芝峰法师代撰歌词注释。是时厦门广洽法师函邀法师赴闽；即动身前往，至沪后因时局不宁，未果行。旋过杭州，小住虎跑寺。十月，道经绍兴，卓锡戒珠讲寺，蔡冠洛与鸿道人为之写像，并以纂述年谱，请师以为无过人行，逊谢未遑；但所谈极关重要，于其身世及出家后修持境界，可得仿佛。住数日，复回宁波，因五磊寺栖莲和尚之恳求，重至五磊寺，与该寺主约法十章，旋又他去。腊月至镇北龙山伏龙寺度岁。是年为蔡冠洛撰其亡父渊泉居士墓碣。又为温州撰永嘉庆福寺缘册题词。

①《华严经读诵研习入门次第》叙：

"读诵研习，宜并行之。今依文便，分为二章。每章之中，先略后广。学者根器不同，好乐殊致；应自量力，各适其宜可耳。龙集辛未首夏沙门亡言述。"

民国二十一年·壬申·五十三岁

是年春，小住镇北龙山伏龙寺。旋自龙山赴白湖，自动发心重讲南山律学，旋以因缘，又返龙山。五月赴永嘉，居城下寮结夏，书《华严经普贤行愿品》一卷，为赵柏颀之先祖母回向。秋初复至镇北伏龙寺安居。九月，居崅山，十一月云游南闽，居厦门万寿岩，著《地藏菩萨圣德大观》一卷。时厦门榴花盛开，犹着单衣，师致书其侄致意。并谓上海报载彼圆寂，已为第二次，且言星命家言彼之寿命在六十或六十一之数。腊月于厦门妙释寺讲《人生之最后》。是年十二月二日常惺法师住持南普陀受请典礼，并欢迎大师摄影。旋至妙释寺小住，与瑞今、广洽、性常诸师，颇相投契。岁暮居万寿岩，刻"看松日到衣"石印一颗，赠同居了智上人。

民国二十二年·癸酉·五十四岁

是年正月初八日，自万寿岩移居妙释寺，（见晚晴老人演讲录）就寺讲《改过实验谈》。是夜梦身为少年，偕儒师行，闻有人诵《华严经》，并见十余长髯老人结席团坐说法。师谓为在闽弘律之预兆。醒后，乃将梦中所闻华严偈句，书赠普润（广洽）法师，并加跋语。正月半后，开始在妙释寺讲《四分律含注戒本》。于开讲时，并述其弘律之本愿及失败经过，足以窥见师在闽弘律之因缘。二月为胡宅梵撰《地藏菩萨本愿经叙》。二月八日后，重返万寿岩，开讲《随机羯磨》，并自编讲义，至五月八日圆满。时听众甚盛，且皆志愿坚固，故师致书芝峰法师，极为赞叹。四月重编蕅益大师警训，为《寒笳集》。五月初三日，为灵峰蕅益大师圣诞，师亲为诸学者撰学律发愿文。五月初十，应泉州开元寺转物和尚请，自厦赴泉，安居开元尊胜院，专工圈点南山钞记，圈毕自记研习始末。于十余年间学律经过，详述无余。是年闰五月，为卢世侯居士题所绘《地藏菩萨九华垂迹图赞》。师居尊胜院期间，编有戒本《羯磨随讲别录》《南山道宣律祖略谱》《梵网经菩萨戒本浅释》等。小春十月，偶出泉城，经潘山，发现晚唐诗人韩偓墓道，遂登展谒，颇有"裂裳和泪伏碑前"之概。其后并嘱其弟子高文显编著《韩偓传记》，自撰《香奁集辨伪》，可见大师怀古之幽情。是年，广洽法师为师造像一帧，丰子恺题偈一章，分赠诸净友。①冬月至晋江草庵度岁。为撰一联云："草蔚不除，时觉眼前生意满；庵门常掩，勿忘世上苦人多"。除夕，就草庵意空楼为性常、传贯二师，讲"灵峰大师祭颛愚大师爪发衣钵塔文"，可以领略法师之怀抱与寄慨。

①丰子恺《题弘一法师肖像》：

"广大智慧无量德，寄此一躯肉与血。

安得千古不坏身，永住世间刹尘劫。

广洽法师属题弘一法师肖像，一九三三年秋，丰子恺。"

民国二十三年·甲戌·五十五岁

是年元旦，在泉州草庵讲《含注戒本》。二月，应常惺、会泉二法师之请，至厦门南普陀。在寺讲《大盗戒》，并嘱瑞今法师创办佛教养正院，以为佛教教育，应自"蒙以养正"做起，训示青年应注意四项，即"惜福、习劳、持戒、自尊"。请得扶桑藏经，校对《南山》三大部。五月十日，撰《随机羯磨疏跋》，盛赞天津徐蔚如居士功德，并书《华严集联》赠僧忏上人。八月，居晋水兰若（青案：是年自春至秋，师居南普陀后山之兜率陀院，自称为晋水兰若），披诵《一梦漫言》，叹为稀有，因为加眉注，作一梦漫言跋。作《华山见月律师行脚略图并跋》。又为庄闲女士手书《法华经》作叙赞叹。九月，依《一梦漫言》撰《见月律师年谱摭要并跋》。又撰《一梦漫言叙》，于见月律师之言行，推崇备至①。是年九月为师五十五岁初度，即于晋水兰若造像纪念。厦门大学校主陈敬贤居士遣子共存诣兰若存问。自撰一联，寄托宏律志愿，附跋以赠广义法师。冬移居万寿岩，宣讲《阿弥陀经》，并编《弥陀义疏撷录》一卷。十二月，应李圆净居士请，撰福州鼓山庋藏经版目录叙。是冬，函天津俗侄李晋章请其刻印数方，以为纪念，并托购《昨非录》，为书写结缘之用。

①《一梦漫言》叙：

师一生接人行事，皆威胜于恩。或有疑其严厉太过，不近人情者。然末世善知识多无刚骨，同流合污，犹谓权巧方便，慈悲顺俗，以自文饰。此书所述师之言行，正是对症良药也。儒者云：闻伯夷之风者，顽夫廉，儒夫有立志，余于师亦云然。

民国二十四年·乙亥·五十六岁

是年正月，居厦门禾山万寿岩，整理《弥陀义疏撷录》并自叙。撰《净宗问辨》，于净土法门，剖析至详。其侄雄河居士（即李晋章）作篆刻寄至，师颇欣喜。旋至泉州开元寺，讲《一梦漫言》。讲毕，小住温陵养老院，补题朱子祠过化亭额。致书李晋章，告以即往山中渡夏，嘱暂勿通信。四月十一日，自泉州南门外乘古帆船航海，十二日到崇武，改乘小舟至净峰寺。师抵净峰，爱其山水秀美，有终老之志，为净峰撰联数副。并为李汝晋写《大悲咒》一卷，高文显为叙付影印。禅余种菊盈畦，临行留诗而去。十月半后，应泉州承天寺请，于戒期中，讲《律学要略》。讲毕，又至温陵养老院暂住。师于《律学要略》中，阐述戒律传入此土之因缘，与弘南山律之由来，及三皈五戒乃至菩萨戒之要略，要言不烦，语语皆中肯綮。承天戒期后，不久重至惠安弘法（见《惠安弘法日记》），为念西法师撰龙裤国师传叙。腊月染疾，即归卧泉州草庵。大病中曾书遗嘱一纸交与传贯师，嘱为照办。是年师至惠安，写有乙亥惠安弘法日记，翌年书赠曾词源居士以为纪念。

民国二十五年·丙子·五十七岁

是年春，自草庵扶病至厦门南普陀。正月底在佛教养正院讲《青年佛徒应注意的四项》三月，读《佛教公论》万均《为僧教育进一言》，叹为稀有，即书华严偈联加跋寄奉作者。五月，移居鼓浪屿日光岩，编定《南山年谱》，及拟再编《灵芝年谱》。书药师如来本愿功德经一卷为传贯师亡母回向。撰《重兴草庵记》及《奇僧法空禅师传》，发表于《佛教公论》。又为亡友金咨甫书《金刚经》一卷。是时向日本请得大小乘经万余卷，亲自整理，编成佛学丛刊第一辑交上海世界书局出版，自为叙。致书仁开法师，声明取消"老法师、法师、大师、律师"等尊号。秋日，鼓浪屿念佛会请师开示，师重述崇仰印光法师之意，并嘱会众常阅《印光法师嘉言录》。旧历冬月杪，郁达夫偕广洽法师访师于鼓浪屿日光岩，归后自福州寄赠一律。旧历十二月初六日，由日光岩移居南普陀，是日胜进居士为师出特刊于厦门星光日报，师恐为声名所累，颇虑今后于闽难以容身。其间曾为闽南佛学院讲《随机羯磨》一日。除夕居南普陀为传贯师一人讲发菩提心文。岁暮，为佛学院学生开示，最可代表师对于净土法相等，专修兼修之意见。临别日光岩时，以手书《佛说无量寿经》，赠寺主清智上人。是年为玉泉居士撰墓志铭。岁暮又在佛教养正院讲《十善业道经》及写字方法。手书佛说《五十施经》，回向士唯居士。是年，所作《清凉歌集》，由上海开明书店出版，夏丏尊为叙。曲由弟子刘质平、唐学咏等合作。释芝峰为撰《清凉歌集达旨》。

民国二十六年·丁丑·五十八岁

阴历元旦起，在南普陀旧功德楼讲《随机羯磨》。二月，在佛教养正院，讲演《南闽十年之梦影》，由高文显（胜进）居士笔记，经师修正，刊于《佛教公论》第九期（现收于《晚晴老人讲演录》），新号"二一老人"。此文详述与"闽南十年之因缘"，极关重要。出外见闻有感，书示胜进居士。四月欲往南洋弘法，重图温习英语，以从者多，遂未果行。旋会泉老和尚请往中岩安居，方便掩关。即于《佛教公论》刊登启事，谢绝访问通信。旧三月十一日，移居万石岩。为厦门市第一届运动大会编撰会歌。青岛湛山寺倓虚和尚派梦参法师至厦请师赴青岛讲律，师鉴其诚，乃应其前往，但与约法三章。师至沪后，叶恭绰居士询以乘何船前往，欲为致电青岛湛山寺迎接，师因此故改乘他船前往。旧历四月十一日到青岛湛山寺，同行者为传贯、圆拙、仁开诸师。不久即开始讲律。所作开示，均极发人深省。旧历五月间，青岛市长沈鸿烈及朱子桥就寺设斋招师，师以偈谢之。九月半后离青岛经上海返厦门。临行以手书《华严经净行品》赠梦参法师，谢其半载护法之劳。是秋北方战事爆发，人或劝其南下，师以有约在前谢之。大场陷落前数日，师自青岛至沪，夏丏尊访于旅次，住二日而去。师返厦后，居万石岩。时厦门风云紧张，各方劝师内避，师自题其室曰"殉教堂"，旋移居中岩，与同来学僧十余人安居讲律。临行以所植各花赠文心法师以为纪念。岁暮至泉州草庵度岁。是年撰寿联一副，奉祝转道老和尚七秩大寿。①

①南闽道耆宿七秩寿联：

老圃秋残，犹有黄花标晚节；

澄潭影现，仰观皓月镇中天。

民国二十七年·戊寅·五十九岁

是年元旦，在草庵讲《华严经普贤行愿品》。正月廿日入泉州，二月初一日复讲是经于承天寺，讲毕，曾至梅石书院讲《佛教的源流和宗派》。二月中旬，于开元寺讲心经三日。三月初一日，讲《华严经大意》于清尘堂。旋至惠安讲经，住数日，仍返承天寺。三月下旬自泉州赴厦门，至鼓浪屿了闲别墅讲经。四月底（阳历五月八日，厦门陷落前四日）至漳州南山寺。师至漳州后，不久即移居东乡瑞竹岩结夏。闰七月十三日，为师剃染二十周年之期，于漳州尊元经楼宣讲《阿弥陀经》一卷，并摄影纪念。丰子恺居士，欲迎师往桂林，师以世寿将尽谢之。秋自漳州经同安梵天寺至安海水心亭，居匝月。为安海民众讲演《佛法十疑略释》《佛法宗派大概》，及《佛法学习初步》，集为《安海法音录》一卷。师以住闽十年，颇受当地人士优遇，故今年特发心至各地弘法。初冬至泉州，先后于清尘堂及光明寺，讲演药师如来法门。及至温陵养老院说法。旧时弟子剑痕居士过访，师追怀往事，录唐人诗以赠。是时，永春童子李芳远贻书劝其闭门静修，师大感动。即于泉州承天寺佛教养正院同学会席上讲演"最后之□□"，发露忏悔之意。腊月初，为广义法师起名"昙昕"，并加题释，以示寄托之意。岁晚撰《云洞岩鹤鸣祠记》。又手书印光法师所撰《历朝名画观音宝相精印流通叙》。又撰《普贤行愿品跋》。

民国二十八年·己卯·六十岁

是年初春，自承天寺出城游清源山，喜其地之幽美，遂暂居于清源洞。旧历二月间将往永春，与黄福海居士同写影纪念。是月廿八日（新历四月十四日）自泉州入永春，居城东桃源殿，讲演《佛教之简易修持法》。旋入毗峰普济寺，自是屏除应接，闭户静修，著有《盗戒问答》《护生画续集题词》《南山律在家备览略编》《华严疏科分》《药师如来法门一斑》等书。以山居鼠患，师特以余食饲之，竟驯。书《饲鼠免鼠患之经验谈》以记之。旧六月廿日起，谢客养静。秋日，李芳远入山参访，师赋偈赠之。九月廿日，为师六旬初度，弟子丰子恺为画《续护生画集》六十幅奉寿，师为之题词，丰君又发愿画佛千尊，普赠有缘。冬月，致书李圆净嘱其筹募印行《续护生画集》。各方净友为募印手书《金刚经》及《九华垂迹图题赞》，并征集诗文纪念。澳门觉音月刊与上海佛学半月刊为出弘一法师六秩纪念专刊庆祝。是年师在永春普济山中，致书昙昕法师，期许甚至，其爱护青年后学之心，溢于言表。

民国二十九年·庚辰·六十一岁

是年春仍闭关永春蓬山，时有衰病，谢绝访问，故外间遂传其圆寂，林奉若特致书郁智朗述其起居近况。觉音月刊又刊《弘一律师近踪》以息群疑。徐悲鸿为画道影以寿。为李圆净撰《梵网戒本汇解叙》。书篆联赠李芳远。七月十三日，成受十善戒法。是时又有埋光埋名，遁世终老之意。七月底，地藏圣诞，于永春讲《普劝净宗道侣兼持诵地藏经要旨》。旧历十月初九日，自永春赴南安灵应寺。师居灵应寺，有人访之，辄以书法结缘。是时，应沪上净友请撰受八关斋戒法。冬过水云洞度岁。是年作《李卓吾先生象赞》。

民国三十一年·壬午·六十三岁

是年二月，应惠安石县长请，赴灵瑞山讲经。但以君子之交，其淡如水，不迎不送，不请斋为约。三月，回泉州百原寺，欲重赴福林寺掩关未果，旋即移居温陵养老院。郭沫若驰书请求法书，师写《寒山诗》赠之，郭氏称之为"澄览大师"。师以衰老日甚，各方有请其弘法者，皆谢之。五月，知将西归致书弟子龚天发（胜信）

作最后之训。为密林法师写所作潮州灵山寺八景诗。又为福州怡山长庆寺润色并手书《修建放生园池记》，是为最后之遗作。师出家后，持"非时食戒"甚严，是年特撰《持非时食戒者应注意日中之时》以明时非时之义。初秋王梦惺汇寄旅费请入永春弘法，师以老态日增，谢未能往，并以所寄旅费璧还。七月廿一日在泉州过化亭，教演出家剃度仪式。删订《剃头仪式钞本》一卷。八月十五、六日，讲《八大人觉经》于开元尊胜院，讲《净土法要》于温陵养老院。大师晚年所用印章，多友人所刻，尤以许霏（晦庐）所治为多。曾致书晦庐论刻印及书法，所语皆极精湛，自谓其书法所示者："平淡""恬静"与"冲逸之致"。叶圣陶有《弘一法师之书法》一文，称其书法蕴藉，毫不矜才使气，意境含蓄在笔墨之外，所以越看越有味，赞论甚当。阳历十月一日（阴历八月二十前后）致书夏丏尊，谓自双十节后，即闭关著作，谢绝通信及晤谈。阴历八月廿三日渐示微疾，犹力疾为晋江中学学生写中堂百余幅。廿八日下午，自写遗嘱于信封上。九月初一日书《悲欣交集》四字与侍者妙莲，是为最后之绝笔。九月初四日（即阳历十月十三日）午后八时，安详圆寂于泉州不二祠温陵养老院晚晴室。师遗嘱共三纸：一、嘱临终一切事务，皆由妙莲师负责，他人不得干预。二、细嘱临终助念及焚化等作法。三、

嘱温陵养老院，应优遇老人。遗嘱发表后，即以手书
《药师经》一部，送与妙莲师供养。临终并以遗偈及遗书
致其故友夏丏尊及弟子刘质平告别。①

①致夏丏尊遗书：

"丏尊居士文席：朽人已于九月初四日迁化。曾赋二
偈，附录于后：

君子之交，其淡如水，执象而求，咫尺千里。

问余何适？廓尔亡言，华枝春满，天心月圆。

谨达不宣。音启。"

前所记月日系依农历

出版后记

星云大师说："我童年出家的栖霞寺里面，有一座庄严的藏经楼，楼上收藏佛经，楼下是法堂，平常如同圣地一般，戒备森严，不准亲近一步。后来好不容易有机缘进到藏经楼，见到那些经书，大都是木刻本，既没有分段也没有标点，有如天书，当然我是看不懂的。"大师忧心《大藏经》卷帙浩繁，又藏于深山宝刹，平常百姓只能望藏兴叹；藏海无边，文辞古朴，亦让人望文却步。在大师倡导主持下，集合两岸近百位学者，经五年之努力，终于编修了这部多层次、多角度、全面反映佛教文化的白话精华大藏经——《中国佛教经典宝藏》，将佛教深睿的奥义妙法通俗地再现今世，为现代人提供学佛求法的方便途径。

完整地引进《中国佛教经典宝藏》是我们的夙愿，

三年来，我们组织了简体字版的编审委员会，编订了详细精当的《编辑手册》，吸收了近二十年来佛学研究的新成果，对整套丛书重新编审编校。需要说明的是此次出版将丛书名更改为《中国佛学经典宝藏》。

佛曰：一旦起心动念，也就有了因果。三年的不懈努力，终于功德圆满。一百三十二册，精校精勘，美轮美奂。翰墨书香，融入经藏智慧；典雅庄严，裹沁着玄妙法门。我们相信，大师与经藏的智慧一定能普应于世，济助众生。

东方出版社